Neue Wege zur Gesundung von Mensch und Umwelt

herausgegeben von
Dr. Nils-Olof Jacobson

mvg

CIP-Kurztitelaufnahme der Deutschen Bibliothek

Neue Wege zur Gesundung von Mensch und Umwelt / hrsg. von Nils-Olof Jacobson. [Aus d. Schwed. von Ursula von Wiese]. – Landsberg am Lech: mvg, 1982.
Einheitssacht.: Nya vägar till hälsa ‹dt.›
ISBN 3-478-02810-8

NE: Jacobson, Nils-Olof [Hrsg.]; EST

Originaltitel: Nya vägar till hälsa

Aus dem Schwedischen von
Ursula von Wiese

Lizenzausgabe mit Genehmigung der Edition Sven Erik Bergh in Europabuch AG, Unterägeri/Zug

Wolfgang Dummer & Co., 8910 Landsberg am Lech
Umschlaggestaltung: Roman Gruber
Satz und Druck: Presse-Druck Augsburg
Bindearbeiten: Augsburger Industrie-Buchbinderei
Printed in Germany 020 810/382 803
ISBN 3-478-02810-8

Inhalt

Vorwort

Es mag dem Leser schwerfallen, den roten Faden in einem Buch zu sehen, dessen Kapitel von so ungleichen Themen wie Städtebau und Psychotherapie bei Krebs handeln. Aber alle Autoren schreiben in dem vorliegenden Buch über die Gesundheit – über die Bedingungen der menschlichen Gesundheit, über die Verantwortung für die Gesundheit und die Möglichkeit, sie zu verwirklichen. Sie wird nicht als etwas Statisches betrachtet, nicht als etwas, das dem einzelnen gegeben ist oder nicht, ohne daß er darauf einzuwirken vermag. Die Gesundheit wird als Ergebnis eines harmonischen Zusammenspiels zwischen dem einzelnen und der Umwelt, sowohl der menschlichen als auch der biologischen, gesehen.

Das Buch zielt darauf ab, einen breiten Überblick über einige weniger bekannte Forschungsresultate zu geben, über die man Bescheid wissen muß, wenn man bei der Diskussion über die unterschiedlichen Methoden der Krankheitsbehandlung und Gesunderhaltung Stellung beziehen will. Unter anderem werden die heute vorherrschenden medizinischen Richtungen gezeigt. Aber die Medizin wird nicht isoliert vom übrigen Gesellschaftsleben betrachtet. Von ganz neuem Standpunkt aus werden auch drei andere Einflüsse auf unsere Gesundheit behandelt, nämlich wie wir mit dem Wasser haushalten und umgehen, wie wir die Erde nutzen, wie wir Städte planen und bauen. Niemand kann auf all diesen Gebieten zugleich Fachmann sein, obwohl sie enger zusammenhängen, als man glaubt. Für diejenigen, die mehr darüber lesen wollen, finden sich ausführliche Literaturhinweise.

Der Mensch kann unter vielen Aspekten betrachtet werden. Er ist ein biologischer Organismus, der das ökologische System rings um sich beeinflußt. Er kann als Einzelwesen gesehen werden, das durch seine Ernährungsweise die Möglichkeit hat, seine Gesundheit zu beeinflussen, und durch seine Denkweise Veränderungen im eigenen Körper zu bewirken vermag. Man kann ihn auch als geistiges Wesen sehen, das mit kosmischen, überpersönlichen Kräften verschiedener Benennung in Verbindung steht. Die Aufsätze im vorliegenden Buch behandeln diese ungleichen Aspekte des gemeinsamen Themas: Was können wir als Einzelwesen und als Mitglieder der Gesellschaft tun, um Krankheiten zu lindern und die Gesundheit zu fördern?

1

NILS-OLOF JACOBSON

Gesundheit – eine individuelle Verantwortung?

Technologische Teilansicht – biologische Gesamtansicht

Das neunzehnte Jahrhundert ist unter anderem von einer technischen Entwicklung gekennzeichnet, die sich in immer schnellerem Tempo vollzieht. Alle Lebensgebiete werden von der fortschreitenden Technik beeinflußt.
Auch die Medizin hat sich die Technik begreiflicherweise zunutze gemacht. Mit Hilfe immer raffinierterer und komplizierterer Apparate und technischer Hilfsmittel erfährt man mehr über die biochemischen Prozesse im Körper. Die Forscher verstehen in zunehmendem Maße das Wesen der Zellen und der Moleküle und vermögen auf chemischem Wege in die Prozesse einzugreifen, und neue Heilmittel werden entwickelt. Den Ärzten stehen heute unzählige chemische Präparate zur Verfügung, mit denen bestimmte körperliche Prozesse beeinflußt oder Bakterien, Viren und andere »Eindringlinge« bekämpft werden.
Die Spezialisierung, die die fortgeschrittene Technik notwendig macht, führt leicht in die Isolierung: Der Forscher oder Techniker weiß genau, wie ein bestimmtes einzelnes Teil funktioniert, aber es fällt ihm schwer, es im Zusammenhang zu sehen. Das läßt sich unter Umständen korrigieren, wenn es sich um die Herstellung eines Automobils handelt – die Zahl der Teile ist nicht so groß, daß man den Überblick über Zusammenhang und Zusammenwirkung verlieren müßte. Anders verhält es sich mit dem lebenden Organismus – bei ihm steht je-

des Teilchen im Zusammenhang mit den Lebensprozessen. Man kann einen einzelnen Prozeß im Organismus studieren und ihn mit chemischen Mitteln beeinflussen, manchmal sogar mit höchster Genauigkeit. Aber in der Regel hat dies zur Folge, daß das angewandte Mittel auch andere Prozesse im Organismus beeinflußt – das Präparat hat Nebenwirkungen. Es geht auch um die Frage, ob das Präparat gegen unerwünschte Bakterien im menschlichen Körper angewendet werden soll oder gegen die Umwelt des Menschen, zum Beispiel gegen unerwünschte Insekten im Garten. In den letzten Jahren konnte man viel lesen über unerwünschte und unerwartete Ergebnisse bei den Versuchen, den biologischen Ablauf mit chemischen Mitteln zu steuern.

Diesem Problem kann man auf zweierlei grundsätzliche Art und Weise begegnen. Die eine besteht darin, es weiterhin isoliert zu betrachten. Wenn man kein neues Medikament ohne jegliche Nebenwirkungen entwickeln kann, gibt man dem Patienten ein anderes Mittel, das sie lindert. Man führt ihm also noch ein chemisches Präparat zu, um die Nebenwirkungen des ersten zu bekämpfen.

Dieses Prinzip, »den Teufel mit dem Beelzebub auszutreiben«, wird auch auf anderen Gebieten angewendet. In schwedischen Zeitungen konnte man am 14. Dezember 1974 den folgenden Bericht aus den Vereinigten Staaten lesen:

In Zukunft werden die Menschen vielleicht gezwungen sein, chemisch auf die Atmosphäre einzuwirken, um die empfindliche Ozonschicht zu retten. Das behauptet Professor McElroy, Spezialist für Atmosphäre. Er und andere Forscher haben einem Ausschuß des Kongresses alarmierende Tatsachen über den schlechten Stand der Ozonschicht vorgelegt.

Laut Professor McElroy richten nicht nur die Kernexplosionen, die Überschallflugzeuge und das Aerosol der Spraydosen in der Atmosphäre Schaden an, sondern auch der stickstoffgebundene Kunstdünger, der auf der ganzen Welt benutzt wird. Die Stickstoffverbindungen arbeiten sich zur Ozonschicht hinauf und tragen dazu bei, daß sie sich senkt.

Daß die Atmosphäre im Begriff ist, ihr Gleichgewicht zu verlieren, steht außer Zweifel, sagen die Forscher. Durch den Kunstdünger wird zum Beispiel Stickstoff ausgefällt, der das natürliche Vorkommen verdoppelt.

Die vorgenommenen mathematischen Berechnungen und Experimente zeigen, daß die Ozonschicht im Begriff ist, sich zu senken. Es ist möglich, daß die

Ozonschicht vor dem Ende des Jahrhunderts so sehr gestört sein wird – allein durch das Aerosolgas –, daß Hautkrebs eine der häufigsten Krankheiten der Menschheit wird.
Die Folgen der Ozonschichtstörungen können für die Menschheit und alles Leben überhaupt katastrophal sein, sagt Professor McElroy. Ozon schützt die Erde vor den tödlichen ultravioletten Strahlen der Sonne.
Es ist jedoch unmöglich, auf Kunstdünger zu verzichten. Darum müssen chemische Mittel gefunden werden, die den Ozongehalt in der Atmosphäre wiederherstellen, sagt er.

Es ist also erwiesen, daß Chemikalien, unter anderem Kunstdünger und Spray, die Atmosphäre aus dem Gleichgewicht bringen – mit wahrscheinlich katastrophalen Folgen. Darum soll versucht werden, die Atmosphäre mit weiteren Chemikalien zu beeinflussen. Läßt sich voraussehen, welche Wirkung sie ihrerseits auf das ökologische Gleichgewicht haben werden?
Gibt es keine andere Möglichkeit? Man könnte sich fragen, ob Sprayflaschen wirklich notwendig sind und ob die Bodenkultur nicht vielleicht ohne Kunstdünger zu bewerkstelligen wäre (davon ist im 4. Kapitel die Rede). Mit anderen Worten: Man sollte versuchen, die Wirkung des Kunstdüngers auf die Ozonschicht in der Gesamtperspektive zu sehen. Bei den genannten Beispielen wird der menschliche Organismus in seiner Ganzheit und der Obstgarten in seinem ökologischen Zusammenhang betrachtet. Es werden die Fragen untersucht: Was verursachen wir mit unseren chemischen Wirkstoffen? Kann man ihre Reaktionen auf andere Weise erreichen? Können wir den Organismus als Ganzes irgendwie anregen, die gewünschten Reaktionen selbst auszulösen? Oder fragen wir uns doch: Wodurch hat sich ein Insekt so stark vermehrt, daß seine Nachkommen unser Obst auffressen? Haben wir vielleicht mit irgendeiner unserer Maßnahmen die Lebensbedingungen seiner Feinde, die normalerweise die Anzahl in erträglichen Grenzen halten, verschlechtert? Oder haben wir die Widerstandskraft der Pflanzen geschwächt? Wie können wir, wenn das eine oder andere zutrifft, das gestörte Gleichgewicht zurechtrücken?
Die Teilansicht kann immer angewendet werden, wenn es sich

um einen abgegrenzten physikalischen oder chemischen Ablauf handelt. Aber ist der lebende Organismus nur die Summe etlicher physikalischer und chemischer Abläufe? Vielleicht ist das Ganze mehr als die Summe seiner Teile? Vielleicht ist die Gesamtheit eine notwendige Ergänzung der Teilansicht, wenn es sich um lebende Organismen und natürliche Lebensprozesse handelt? Davon ist später die Rede.

Einzelwesen und Umgebung

Der Mensch als Individuum ist ein Teil einer Gemeinschaft, eines Ganzen. Das folgende Diagramm zeigt in einfachem Schema das Verhältnis des Menschen zu seiner Umgebung.

Der Innenkreis I stellt das Individuum dar. Die Halbkreise rechts zeigen die grundsätzlichen Ebenen in dem psycho-sozialen Zusammenhang, von dem der einzelne ein Teil ist. Der innere Halbkreis a ist die nächste Umgebung: Familie, Kollegen, Freunde. Der mittlere Halbkreis b ist die zweite Ebene: das sozial-politische Milieu im Großen, die Nation oder der Staat. Der äußere Halbkreis c stellt die Menschheit als Ganzes dar.

Die Halbkreise links zeigen die grundsätzlichen Ebenen der biologischen Umgebung. Der innere Halbkreis A ist die nächste biologische Umgebung des Individuums. Hier finden sich alle seine physikalischen Lebensbedingungen in Form von Klima, Wohnung, Geräuschen, Licht, Luft und Wasser, Tieren und Pflanzen, Bakterien und Viren, Giften und Verunreinigungen. Hier holt es sich Nahrung und hier hinterläßt es seine Abfallprodukte. Der mittlere Halbkreis B stellt das größere ökologische System dar: Erde und Wald, Luft und Wasser, Pflanzen- und Tierleben in dem Gebiet, das durch eine große Menschengruppe beeinflußt wird. Der größte Halbkreis C ist die ganze Erdkugel als biologischer Organismus.

Was das Einzelwesen tut, das hat stets Bedeutung für seine nächste Umgebung, das heißt für Feld A und a. Manchmal hat es auch Bedeutung für die größereren Gebiete B und b, aber gewöhnlich ist dafür eine gemeinsam wirkende Gruppe von Ein-

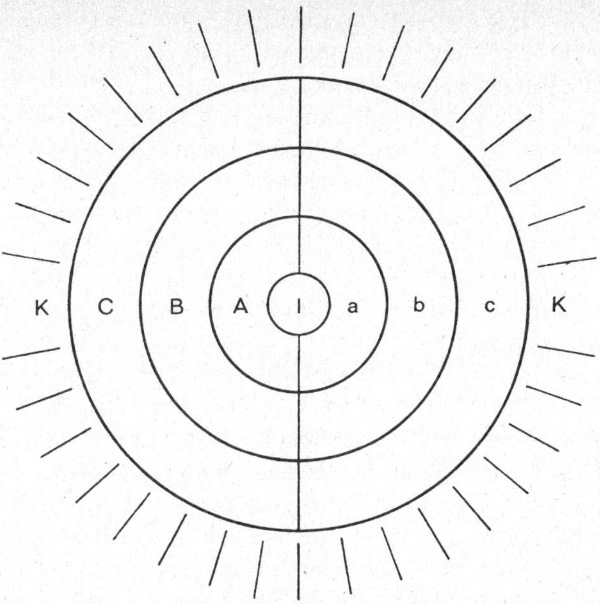

Schematische Darstellung des Verhältnisses zwischen Mensch und Umwelt

I Individuum
a Nächste Umgebung: Familie, Kollegen, Freunde
b Sozial-politisches Milieu (Nation, Staat)
c Menschheit als Ganzes
A Unmittelbare physikalisch-biologische Umgebung
B Ökologisches System (physikalisch-biologische Umgebung im Großen)
C Erdkugel als biologischer Organismus
K Kosmische Kräfte

zelwesen erforderlich. Große Gruppen (oder außerordentlich mächtige kleine Gruppen) können C und c beeinflussen. Auch in umgekehrter Richtung vollzieht sich die Wirkung: Der Einzelne hängt ja davon ab, was in seiner nächsten psycho-sozialen und biologischen Umgebung vor sich geht, die ihrerseits von den Geschehnissen weiter draußen beeinflußt wird. Auf diesen drei Ebenen findet dauernd ein Zusammenspiel zwischen Individuum und Umwelt statt.

Die Verantwortung des einzelnen bezieht sich also in erster Linie auf die Felder A und a, aber in gewisser Hinsicht erstreckt sie sich auch auf B und b. Manche Individuen können in bestimmter Lage sogar eine Verantwortung für C und c haben (beispielsweise ein Staatsoberhaupt, das den Befehl zu geben hat, Atomraketen abzuschießen). Als Mitglieder großer Gruppen beziehungsweise der Gesellschaft haben andererseits alle Individuen eine gewisse Verantwortung für die Geschehnisse in den äußeren Feldern.

Der Organismus des Individuums kann auf verschiedenen Gebieten studiert werden. Vererbungslehre, Biochemie, Physiologie sind Beispiele für Wissenschaftszweige, die sich auf die Geschehnisse im Kreis I konzentrieren. Die konventionelle technologische Medizin ist auch vorwiegend auf das Individuum abgestimmt. Hingegen interessiert sich die Psychiatrie außerdem für das Verhalten des Einzelwesens in der Gruppe oder Gesellschaft, also für a. In der Arbeitsmedizin und in der Hygiene befaßt man sich mit dem Einzelwesen im Verhältnis zur nächsten physikalischen Umwelt, mit A. Die Sozialmedizin überspannt die weiteren Gebiete A und a, mit B und b als Hintergrund.

Ökologie und Ökonomie

Ökologie ist die Lehre von den Beziehungen der Lebewesen zur Umwelt und ihrer Wechselwirkung. Die Ökologie hat also mit den drei Halbkreisen auf der linken Seite des Diagramms zu tun. Über das Verhältnis zwischen Ökologie und Ökonomie schreibt der Däne Bengt Hubendick 1975 in einer Göteburger Handelszeitung:

Alles kostet etwas, alles hat eine ökonomische Seite. Von Ökonomie müssen diejenigen etwas verstehen, die in unserer Gesellschaft führend sind. Das stellt niemand in Frage. Ökonomie ist die Lehre von der Wirtschaft. Gute Ökonomie ist eine Haushaltung, bei der das Haus selbst nicht verbraucht wird. Mit Haus ist nicht nur die Wohnstätte gemeint, sondern unser ganzes Umfeld, unser Lebensraum, der die Grundlage bildet für die Existenz. Ökologie ist ebenso grundlegend wie Ökonomie, denn sie versetzt uns in die Lage, mit unseren Quellen hauszuhalten, sozusagen in einem Haus zu leben, ohne es zu verzehren. Tatsächlich ist Ökologie noch fundamentaler als Ökonomie. Die ökologische Wirklichkeit ist ein Teil der Natur; sie ist uns gegeben und darf nicht von uns verändert werden. Wir müssen uns der ökologischen Wirklichkeit vollständig anpassen. Wenn wir das eine Zeitlang unterlassen, müssen wir später teuer bezahlen.

Da alle Lebensformen in die Ganzheit, ins Ökosystem, eingeordnet sind, muß jedes Geschehnis zu einer Kettenreaktion führen. Der Mensch hat viele Kettenreaktionen ausgelöst und die unerwarteten Folgen erlebt. Durch Abholzung sind ganze Landschaften zerstört worden; Bohrungen haben zu Hungersnot geführt; die Betonierung von Flußufern hat im weit entfernten Meer die Entwicklung der Fischbrut verhindert; der große Damm bei Assuan hat dem Sardellenfang im östlichen Mittelmeer ein Ende gemacht; das fortwährende ungehemmte Versprühen aus Sprayflaschen wird die Erde demnächst schädigen; die Oxydausfällung von fossilen Brennstoffen (Kohle, Erdöl) kann vielleicht bewirken, daß das Meer um siebzig Meter steigt.

Der Mensch nimmt keine Sonderstellung ein. Mit seiner Intelligenz, seiner Technik und durch Raubbau vermag er zwar Wirkungen auszulösen, aber er kann sich nicht dem ökologischen Zusammenhang entziehen. Er hat in ökonomischer Hinsicht bisher kurzsichtig gehandelt, ohne Rücksicht auf die ökologischen Folgen. Das Gesamtergebnis ist zwar ökonomischer Art, aber man hat übersehen, daß andere, nämlich unsere Nachkommen, es bezahlen müssen. Es besteht kein Konflikt zwischen Ökonomie – wirklicher Ökonomie – und Ökologie, aber ein schwerer Konflikt zwischen einer Wirtschaft, die augenblicklichen Gewinn um jeden Preis erstrebt, und einer Ökonomie, die sich der ökologischen Verantwortung auf lange Sicht bewußt ist und die Haushaltung auf Nutzung, nicht auf Verbrauch abstimmt.

Wie Hubendick sagt, weisen Politiker und maßgebende Leute gern auf die »ökonomischen Realitäten« hin, als ob sie selbst in erster Linie das Verhältnis des Menschen zur Natur und zu ihren Vorräten zu bestimmen hätten. Das trifft ja auch auf kurze Sicht zu, aber andere müssen später die Rechnung bezahlen. Kapitel 2 bis 4 beleuchten das aus verschiedenen Blickwinkeln.

Kapitel 2 handelt von der grundlegenden Voraussetzung für unser Dasein, vom Wasser. Darin läßt der Autor einen weniger bekannten, hartnäckigen Forscher zu Wort kommen, den Österreicher Viktor Schauberger (1885–1958), dessen Studium des Wassers unter anderem zu einer neuen Technik geführt hat, die auf so ungleichen Gebieten wie Abgasreinigung und Zahnregulierung praktische Ergebnisse gezeigt hat.

Kapitel 3 betont die Wichtigkeit der Rücksichtnahme auf öko-

logische Gegebenheiten bei Raumplanung und Städtebau und skizziert eine Alternative zu den heute vorherrschenden Planungen.
Kapitel 4 beschreibt die Gesamtbetrachtung von Ackerbau und Lebensmittelherstellung und gibt eine Alternative zu der im Westen üblichen industrialisierten, auf Kunstdüngung basierenden Landwirtschaft.

Städtebau und Landwirtschaft

Bauweise und Funktionsmöglichkeit unserer Städte sind eng verbunden mit der Landwirtschaft. Das wird in einem Diskussionsbeitrag der Technischen Hochschule in Lund hervorgehoben:

Was ermöglicht der modernen Stadt die Existenz? Die Antwort lautet: Der Zugang zu großen Mengen billiger Energie. Die Ausbeutung der natürlichen Energiezugänge wäre jedoch ohne die sogenannte technische Revolution nicht möglich gewesen.
Die Möglichkeit, Waren über lange Strecken zu befördern, und die Fruchtbarkeit des Bodens vor allem waren die Faktoren, die das Wachstum der Städte beeinflußt haben.
Städte leben von dem Überschuß, den die Landwirtschaft in der Umgebung hervorbringt. Reine Versorgungs-Landwirtschaft vermag nur der primitivsten Urbanisierung gerecht zu werden. Spricht man von der Produktivität der Landwirtschaft, so ist der Ertrag je Arbeiter gemeint, nicht der Ertrag je Hektar. Diese Produktivität beruht auf vielen Faktoren, aber der wichtigste war die Einführung der Technik aufgrund fossiler Brennstoffe. Die moderne technisierte Landwirtschaft, die in Westeuropa und in den Vereinigten Staaten praktiziert wird, und aus der »grünen Revolution« hervorgegangen ist, basiert in Wirklichkeit auf dem Öl. Die ungeheure Zunahme der Produktivität je Mensch ist durch intensive Mechanisierung erreicht worden und, was vielleicht noch einschneidender ist, durch Anwendung von künstlichem Dünger und chemischen Bekämpfungsmitteln. Man hat ausgerechnet, daß alle bekannten Ölquellen in dreißig Jahren versiegt wären, wenn man die ganze Erdbevölkerung (ohne weiteren Zuwachs) mit Hilfe der modernen technisierten Landwirtschaft ernährte. Und das betrifft nur die Landwirtschaft. Man darf also mit dem modernen Landwirtschaftssystem für die Zukunft kaum rechnen. Es ist dringend geboten, andere Landwirtschaftsmethoden zu entwickeln – vielleicht eine Bestellung mit vermehrten Arbeitskräften. Das würde bedeuten, daß ein größerer Teil der Bevölkerung in der Landwirtschaft eingesetzt und die

Bevölkerung in den Städten allmählich vermindert wird. (Unser Produktionsschema beruht ja auf Massenproduktion und Automatisierung und setzt damit voraus, daß die Waren weit entfernt vom Herstellungsort verkauft werden.) Sehr viele Produktionseinheiten unterliegen langen Transportwegen. Die Ökonomen behaupten, daß dies den Verbrauchern zugute kommt, da sich ihnen eine größere Auswahl bietet. Aber gleichzeitig leiden sie unter Verkehrsstörungen und vermehrter Luftverschmutzung. Mittlerweile jedoch weiß man, daß diese Produktionsweise von billigem Treibstoff abhängt. Wenn das Benzin und der Schwerverkehr teurer werden, verliert diese Produktionsweise ihren Wert.
Die Landplanung muß in Zukunft darauf abzielen, die Transportansprüche zu vermindern, die bereits die Grenzen unserer Möglichkeiten überschritten haben. Mit anderen Worten: Produktion und Verbrauch müssen so nahe beieinander wie möglich ablaufen.
Je früher wir einsehen, daß die Zeit vorbei ist, da wir unsere Technologie auf den Zugang zu billiger Energie abstellen konnten, desto besser. Wir haben immer noch die Möglichkeit, uns der neuen Lage anzupassen und eine Krisenperiode zu vermeiden, deren Ausmaß kaum vorstellbar ist.
Gerade jetzt befinden wir uns in einer Übergangslage, in der wir die Entwicklung auf einen Weg lenken können, wo es dem Menschen möglich ist, die ihm innewohnenden sozialen Kräfte zu benützen. Andernfalls ergibt sich eine fortgesetzte Ausbeutung von Mensch und Natur, die zur Auflösung der Kultur führen wird.

Die anderen Landwirtschaftsmethoden, die so dringend geboten sind, werden in Kapitel 4 beschrieben. Zusammen mit der neuartigen Städteplanung, der das Kapitel 3 gewidmet ist, sollten sie zu einer neuen Wohnstruktur führen. Sie zeichnet sich durch vermehrtes Vorkommen kleinerer Produktionseinheiten aus, ferner durch notwendige Zusammenarbeit zwischen kleinen Menschengruppen, die ihre Lebenslage und ihre Umwelt stärker beeinflussen können als heute. Daß dies ihrer Gesundheit zugute kommen wird, ist klar. Im Sozialökonomischen Institut der Universität Göteborg werden jetzt Studien betrieben, was eine nur nach diesen Richtlinien geplante und gebaute Stadt für ihre Einwohner konkret bedeuten wird.

Rudolf Steiners Anregung

Zu den anderen Landwirtschaftsmethoden, die in Kapitel 4 beschrieben sind, gehört die sogenannte bio-dynamische Düngung, die Rudolf Steiner (1861–1925) ursprünglich angeregt hat. Steiner war wissenschaftlich gebildet. Er wurde jedoch nicht als konventioneller Wissenschaftler bekannt, sondern als Begründer des Erkenntnisweges, der *Anthroposophie* genannt wird. Sie umfaßt sämtliche Gebiete des Diagramms auf Seite 13. Für Steiner ist die Erdkugel ein lebender Organismus, der mit kosmischen Kräften zusammenhängt (auf dem Diagramm mit K bezeichnet), die er auch näher beschrieben hat. Steiner hat ein unglaublich umfassendes Werk hinterlassen; man schätzt es auf 100 000 Druckseiten. Sein Gedankengebäude ist schwerbegreiflich und wirkt mitunter diffus. Es läßt sich jedoch nicht abstreiten, daß seine Auffassung von der Natur des Menschen auf verschiedenen Kulturgebieten wesentliche praktische Anregungen gegeben hat. Am bekanntesten ist der anthroposophische Einsatz in der Pädagogik (Rudolf Steiner-Schulen für Ganzheitsbildung, besonders Heilpädagogik zur Behandlung psychisch kranker oder entwicklungsgestörter Kinder), in der Landwirtschaft und in der Medizin.

Schulmedizin und biologische Medizin

In vielen Ländern wird heute lebhaft diskutiert über die verschiedenen Möglichkeiten der Gesundheitspflege und Krankheitsbekämpfung. Drei medizinische Richtungen stehen bei dieser Diskussion im Vordergrund: die konventionelle Medizin, die auf fortschrittlicher Technik basiert (Schulmedizin genannt), die sogenannte biologische Medizin und die anthroposophische Medizin.

Die Schulmedizin mißt dem detaillierten Studium der körperlichen Prozesse große Bedeutung bei. Mit chemischen, physiologischen und anderen Meßmethoden versucht man die krankhafte Veränderung genau zu lokalisieren und zu erkennen. Sie wird mittels Operation entfernt, der Schaden wird behoben. So behandelt man selbstverständlich beispielsweise einen Beinbruch und andere Folgen eines Unglücksfalles. In anderen Fällen ist man bestrebt, die Störung im Organismus durch bestimmte chemische Mittel zu beeinflussen. Manchmal kann man so auf die Ursache einer Krankheit einwirken, aber oft ist sie nicht bekannt, und dann ist man darauf angewiesen, die Symptome zu behandeln. Je nach Art der Symptome kann man unter vielen verschiedenen Heilmitteln wählen, die mehr oder weniger Nebenwirkungen haben.

Bei der Behandlung akuter Krankheiten besteht zwischen Schulmedizin und biologischer Medizin keine exakte Grenze. Der biologisch vorgehende Arzt hat natürlich eine schulmedizinische Ausbildung genossen und wendet chemische Präparate an, wenn er es für nötig hält. In vielen Fällen aber findet er es angebracht, statt einfach die Symptome mit einem chemischen Mittel zu beheben, die krankheitshemmenden Gegenkräfte des Körpers zu verstärken. Die Schulmedizin kann das Wesen dieser Reaktionen nicht erklären und gebraucht gern das diffuse Wort »Widerstandskraft«. Gerade diese schwer zu ergründende Widerstandskraft nimmt die biologische Medizin zu Hilfe. Die diesbezüglichen Grundsätze sind ganz einfach, und viele Krankheiten mit verschiedenen Symptomen können deshalb einer gleichartigen Allgemeinbehandlung unterzogen werden, die bei Bedarf durch besondere Maßnahmen ergänzt wird. Kapitel 5 enthält eine Einführung in die Arbeitsweise der biologischen Medizin am Beispiel des Gelenkrheumatismus.

Die Schulmedizin neigt dazu, die verschiedenen Prozesse im Organismus voneinander zu trennen. Die biologische Medizin geht dort weiter, wo die Schulmedizin aufhört – sie betont die Gesamtbetrachtung des einzelnen. Die Schulmedizin teilt dem Patienten gern eine passive Rolle zu; seine Aufgabe besteht oft lediglich darin, das verordnete Medikament einzunehmen. Die biologische Medizin hingegen setzt die aktive Mitarbeit des Patienten voraus, und unter Umständen verlangt sie von ihm, seine Lebensweise wesentlich zu ändern. Sie fordert auch vom Arzt mehr – er muß leben, was er lehrt, muß Krankheiten verhüten und vorbeugen. Krankheit ist nicht einfach ein »Schicksal«, das dem Menschen widerfährt. Von der biologischen Medizin wird sie weitgehend als Folge der Lebensweise betrachtet, und darum muß die Lebensweise geändert werden. Man hat auch eine ganz klare Vorstellung, welche Lebensweise mit Rücksicht auf die Gesundheit geändert werden muß. Die

Erkenntnis stützt sich unter anderem auf praktische Erfahrung und auf epidemiologische Untersuchungen der Ausbreitung verschiedener Krankheiten in einer Gegend mit unterschiedlichen Eßgewohnheiten.[1])

Die biologische Medizin betont die Verbindung zwischen den psychischen und den biologischen ursächlichen Faktoren sowohl bei Krankheit als auch bei Gesundheit. Viele Ärzte, die diese Medizin praktizieren, betrachten den Menschen auch als ein geistiges Wesen, das heißt, ihre Lebensanschauung steht im Gegensatz zum sogenannten »Materialismus«. Die anthroposophische Medizin geht noch einen Schritt weiter. Sie zieht den ganzen Umkreis des Diagramms auf Seite 13 in Betracht, hat also eine bestimmte Vorstellung von Natur und Wirkung der kosmischen Kräfte. Für sie ist die Beziehung zwischen Körper, Seele und Geist gegeben, und diese Anschauung ist wegweisend für die praktische Behandlung. In vieler Hinsicht wenden anthroposophisch denkende Ärzte die biologische Behandlung an, doch außerdem besondere Heilmittel, die sowohl tierischen als auch pflanzlichen oder mineralischen Ursprungs sein können. Die Wirkung dieser Heilmittel wird ganz anderen Kräften zugeschrieben als denen, die für die chemischen Präparate der Schulmedizin gelten. Gewöhnliche Analysen können keine anderen Wirkungen als die rein chemischen nachweisen, aber die anthroposophisch denkenden Forscher haben besondere Methoden für das Studium dieser Mittel entwickelt. Das Ergebnis einer chemischen Analyse läßt sich in Zahlen ausdrücken und wird mit dem »Normalwert« verglichen, das heißt mit dem Wert, den man bei einer großen Menschengruppe im Durchschnitt gefunden hat. Ein Computer kann sofort angeben, ob das Ergebnis »normal« ist oder nicht, und der Arzt erhält ein Papier mit den betreffenden Zahlenwerten. Bei den Analysierungsmethoden der anthroposophischen Forscher ergibt sich eher ein Gesamtbild. Es kann nicht in Zahlen ausgedrückt werden, sondern man muß es als Ganzes betrachten und mit anderen Bildern vergleichen, die man unter bestimmten Bedingungen erhalten hat. Das ist eine »qualitativ« ausgerichtete Methode, wohingegen die chemische Analyse ein »quantitaves« Resultat liefert. Die Anthroposophen sprechen von »Bildekräften«, die in den Bildern zum Ausdruck kommen. Bei der Beurteilung muß sich der Forscher mit seiner Einfühlung in das Bild und seinen Erfahrungen mit ähnlichen Bildern persönlich einsetzen – er kann nicht durch einen Computer ersetzt werden. Das gilt ja in gewisser Weise auch für die Deutung von Röntgenbildern und ähnlichem in der konventionellen Medizin.

Neue Wege zur Krebsbehandlung

Selbstverständlich hat eine ernste Krankheit für den Patienten seelische Folgen. Weniger Einigkeit herrscht in der Frage, welche Bedeutung psychische Faktoren für die Entstehung der Krankheit selbst haben. Hier scheiden sich die Geister nicht nur bei verschiedenen Forschern und Schulen, sondern sogar innerhalb der Schulmedizin werden die seelischen Ursachen auf verschiedene Weise betrachtet. Wir können Krebs als Beispiel nehmen. Krebs ist die Gesamtbezeichnung für Erkrankungen verschiedener Körperteile, bei denen das normale Gewebe durch Zellenwucherung zerstört wird. Die Frühdiagnose einiger Krebsformen hat sich in letzter Zeit stark verbessert, besonders bei Lungen-, Leber- und Nierenkrebs. Diese drei Organe sind (neben dem Magen-Darmkanal) am aktivsten in der Aufnahme und Ausscheidung von Stoffen, die von außen kommen. Man konnte denn auch bei mehreren Krebsformen eine Verbindung mit bestimmten Stoffen aus der Umwelt feststellen, die so in den Stoffwechsel eingegriffen haben, daß gewisse Zellen verändert wurden und zu wuchern begannen. Man schätzt heute, daß sechzig bis neunzig Prozent aller Krebsfälle von chemischen Stoffen in der Umwelt herrühren. Mehrere dieser Stoffe, zum Beispiel in der Landwirtschaft verwendete Gifte, sind so weit verbreitet, daß praktisch alle Menschen sie in meßbaren Mengen im Körper haben.[2]) Aber nicht alle erkranken an Krebs, jedenfalls nicht in feststellbarer Form. Manche Forscher sind der Ansicht, daß alle Menschen mehrmals im Leben Krebszellen im Körper haben, daß aber der Körper vielfach imstande ist, diese veränderten Zellen un-

schädlich zu machen. Bei einigen ist die Widerstandskraft nicht groß genug, so daß sich der Krebs ausbreiten kann.
Mit anderen Worten: Das Vorhandensein eines Krebs hervorrufenden Stoffes ist ein Faktor. Vererbung ist ein weiterer Faktor, von dem wir jedoch noch nicht viel wissen. Jedenfalls können wir nichts dagegen unternehmen, zumal man nicht weiß, wie er sich auf die Widerstandskraft auswirkt. Der dritte Faktor sind die bewußten und unbewußten Konflikte des Menschen, seine Wünsche und Hoffnungen, seine ganze Lebenseinstellung. In diesem Zusammenhang spricht man von »psychischen Faktoren«. Haben sie Einfluß auf die Empfänglichkeit für Krebs?
In Kapitel 7 weist ein Radiologe auf Hunderte von publizierten Berichten hin, die dafür sprechen, daß auch psychische Faktoren bei Krebserkrankungen eine Rolle spielen können, und beschreibt Erfahrungen mit gewöhnlicher Strahlenbehandlung im Verein mit psychotherapeutischer Behandlung. Diese letztere bezweckt vor allem, daß der Patient die Einstellung zu sich selbst ändert, da angenommen wird, daß sie an der Entstehung und weiteren Entwicklung des Krebses mitbeteiligt ist.
Vertreter der biologischen Medizin berichten von positiven Ergebnissen einer Krebsbehandlung, die sich auf eine bestimmte Diät stützt [3]), [4]), und ein anthroposophisch orientierter Arzt schreibt von der Wirkung eines besonderen pflanzlichen Heilmittels[5]). Die Forschung sollte es sich angelegen sein lassen, die Wirkung dieser Methoden im Verein mit einer psychotherapeutischen Behandlung zu studieren. Bei diesen Methoden entfallen die gefährlichen Nebenwirkungen, die alle krebshemmenden chemischen Stoffe haben.

Selbstbeeinflussung und biologische Rückkopplung

Heute herrscht die Auffassung, daß mindestens die Hälfte aller Ärzte Symptome bekämpft, die seelische Ursachen haben, zum Beispiel psychische Konflikte oder Probleme im Zusammenhang mit anderen. Aber diese Einsicht hat noch zu keiner greifbaren Veränderung in der Behandlung der Kranken geführt. In Kapitel 8 wird der Standpunkt eines amerikanischen Arztes besprochen, der einige andere Behandlungswege andeutet. Unter anderem nennt er das *autogene Training* und das *Biofeedback*.

Das autogene Training wurde 1920 von dem deutschen Psychiater J. H. Schulz eingeführt. Durch die an indische Bräuche angelehnten Übungen lernt der Patient, sich körperlich und seelisch zu entspannen; sie zielen auf die Beherrschung körperlicher Funktionen ab. Die Technik ist ohne Hilfsmittel erlernbar, aber es dauert ein paar Monate, bis man sich die grundlegenden Übungen zu eigen gemacht hat. Viel schneller kommt man voran, wenn man ein Meßinstrument zu Hilfe nimmt, mit dem man die Fortschritte beispielsweise in der Muskelentspannung oder in der Durchblutung einer Hand verfolgen kann. Dabei haben wir es mit einer Form von *Biofeedback*, das heißt mit einer biologischen Rückkopplung, zu tun. Man erhält also durch ein Meßinstrument Aufschluß über die Vorgänge im Innern des Körpers. Auf diese Weise kann man seinen subjektiven Zustand erkennen, der bestimmte Ausschläge des Apparats bewirkt und die gewünschten Veränderungen leichter herbeiführen. Nach einer Übungszeit braucht man das Meßinstrument nicht mehr. Kapitel 9 orientiert darüber, wie viele praktische Anwendungsmöglichkeiten das Biofeedback bietet. Die Technik ermöglicht es, viele Störungen der Körperfunktionen selbst zu beeinflussen, anstatt sich passiv Medikamente einzuverleiben.

Psychische Heilung

Am Schluß des 9. Kapitels wird von zwei Personen berichtet, Jack Schwarz und Swami Rama, die eine ungewöhnliche Beherrschung ihrer Körperfunktionen erlangt haben. Swami Rama entdeckte zufällig, daß er sogar einen mehrere Meter entfernten Gegenstand geistig beeinflussen konnte. Derartige Schilderungen erwecken Mißtrauen: So etwas ist doch unmöglich; entweder ist das Ganze erdichtet, oder es muß dafür eine

»natürliche« Erklärung geben. Es sind jedoch viele Untersuchungen veröffentlicht worden, die aufzeigen, daß gewisse Personen tatsächlich die Fähigkeit haben, auf bisher unerklärbare Weise einen Gegenstand außer Reichweite der Sinne zu beeinflussen, und die darüber Aufschluß zu erlangen versuchen, was in der physischen Welt oder im Bewußtsein anderer Menschen vor sich geht. Die Parapsychologie (die Psychologie der übersinnlichen seelischen Erscheinungen) studiert dieses Phänomen, das sich mit den bekannten Naturgesetzen nicht erklären läßt. Das besagt jedoch nicht, daß das Phänomen »übernatürlich« sei, sondern nur, daß unsere Kenntnis der Natur unvollständig ist. Ich kann hier auf die parapsychologischen Phänomene nicht näher eingehen; damit habe ich mich in einer anderen Schrift befaßt.[6])

Hier sei jedoch erwähnt, daß manche Menschen die Fähigkeit haben, auf bisher unerklärbare Weise auch auf das biologische System einzuwirken. Ein amerikanischer Biochemiker hat einen sogenannten Gesundbeter (einen Menschen, der durch Handauflegen heilt) untersucht, dem es gelang, bei einem kontrollierten Versuch die Aktivität in einer Enzymlösung zu beeinflussen.[7]) Ein kanadischer Forscher hat denselben Mann, unter dessen Händen unbehandelte Wunden schneller heilten als ärztlich behandelte, und andere Personen, die die Wachstumsgeschwindigkeit eines Saatkorns zu beeinflussen vermochten, gründlichen Untersuchungen unterzogen.[8]) Schon in den fünfziger Jahren wurden in den USA Massenversuche gemacht, die darauf hinweisen, daß sich die Fähigkeit, durch geistige Konzentration das Wachstum von Saatkörnern anzuregen, nicht wenigen Menschen vorbehalten ist; denn bei den Versuchen erzielten sechzig Prozent der Teilnehmer das gleiche Ergebnis. [9]) Eine amerikanische Ärztegruppe untersuchte eine Heilerin in Brasilien, die ohne jegliche medizinische Ausbildung imstande ist, eine richtige Diagnose zu stellen und Kranke zu heilen.

Das dramatischste Phänomen dieser Art spielt sich auf den Philippinen ab[10]), wo anscheinend medizinisch ausgebildete Heiler mit bloßen Händen chirurgische Eingriffe vornehmen. Davon ist im 10. Kapitel die Rede.

Personen, die über Heilfähigkeit verfügen, gibt es in allen Kulturen, und man erforscht dieses Gebiet jetzt in mehreren Ländern. Es ist natürlich schwer, systematische Studien vorzunehmen, da das Heilvermögen ja auf unbekannten Faktoren beruht. Hier befindet man sich im Grenzgebiet zwischen Medizin, Parapsychologie und Glauben. Vielleicht darf die psychische Heilung gar nicht der allgemeinen Medizin zugerechnet werden; wir wissen zuwenig darüber, wann und wie sie sich auswirkt. Aber nichts hindert uns, an uns selbst zu untersuchen, welche Wirkung die geistige Einstellung auf körperliche und seelische Beschwerden hat. Für diejenigen, die den Versuch unternehmen wollen, gibt es viele Wegweiser. Der Psychologe L. LeShan hat sich mit der Frage befaßt, welche Faktoren der Arbeitsweise mehrerer Heiler gemeinsam sind, und sieht den gemeinsamen Faktor in der Fähigkeit, sich in einen besonderen Bewußtseinszustand zu versetzen. Seiner Ansicht nach läßt sich die Fähigkeit in gewissem Maße erlernen.[11])

Körper, Seele und Geist

Die Ergebnisse der parapsychologischen Forschung haben bewirkt, daß sich immer mehr medizinische Forscher und Ärzte für das »andere« interessieren, für den Aspekt des Menschen, der nicht an den Körper gebunden ist.[12]), [13]) Man neigt weniger dazu, alles auf den biologischen Organismus zurückzuführen, zumal nicht nur Physik und Chemie in Betracht gezogen werden, sondern immer mehr der Gesamtaspekt des Menschen betont wird.[14]), [15]) Die Erforschung des Menschen als eines »psychoenergetischen Systems« wird ebenfalls betrieben, und in den letzten Jahren sind mehrere Aufsätze über dieses Gebiet veröffentlicht worden.[16]) Allmählich zeichnen sich die Umrisse eines neuen Weltbildes ab, auf dem der einzelne nicht isoliert dargestellt wird, sondern als Teil einer biologisch, psychisch und geistig größeren Ganzheit.[17]) Kapitel 11 handelt davon, was diese Ansicht für Gesundheit und Heilung bedeutet.

Gesundheit ist nach der Definition der Weltgesundheitsorganisation »ein Zustand vollkommenen körperlichen, seelischen und sozialen Wohlbefindens, nicht etwa nur das Fehlen von Krankheit und Gebrechlichkeit«.[18]) Mit anderen Worten, Gesundheit ist nicht einfach etwas, das der Mensch hat oder nicht und worauf er keinen Einfluß ausüben kann. Gesundheit ist auch das Ergebnis eines Zusammenspiels mit der Umwelt, der sozialen ebenso wie der biologischen. Sogar mit einem körperlichen Gebrechen kann man in einer annehmbaren sozialen Lage wie ein Gesunder leben, wenn man eine vernünftige Einstellung zu seinem Leiden hat. Andererseits nimmt sich in Anbetracht der sozialen und ökologischen Verhältnisse, die zum größten Teil auf der Welt herrschen, das Wort von der vollkommenen Gesundheit wie ein Hohn aus. Für die meisten Menschen bleibt die Definition der Gesundheit seitens der Weltgesundheitsorganisation ein unerreichbarer Idealzustand, und sie muß eher als ein Versuch betrachtet werden, ein erstrebenswertes Ziel anzusteuern. Was wir alle als Mitglieder der Gesellschaft tun, insbesondere in bezug auf die Natur rings um uns, das ist von entscheidender Bedeutung für unsere Gesundheit und die unserer Nachkommen. Was wir als einzelne tun, wie wir uns täglich ernähren, welche Gedanken wir täglich in unserer Seele tragen, hat ebenso entscheidende Bedeutung dafür, wie wir als Individuen unsere Möglichkeiten, gesunde Menschen zu sein, verwirklichen können.

Literatur

1) D. Burkitt u. a.: Dietary fibre and disease. Journal Amer. Med. Ass. 229:1068/ 74, 1974. – D. Burkitt: Dietary fibre and »pressure diseases«. J. Royal Coll. Physicians London 9:138/47, 1975.– H. Eppinger: Über spastische Obstipation. Wiener Klinische Wochenschrift 51:1349–56, 1938.

2) S. S. Epstein: Environmental determinants of human cancer. Cancer Research 34:2425–35, 1974.

3) A. Ferensci u.a.: Rote Bete in der Zusatztherapie bei Kranken mit bösartigen Neubildungen. Heidelberg, Haug Verlag, 1970.
4) W. Zabel: Die interne Krebstherapie und die Ernährung der Krebskranken. Zürich, Bircher-Benner Verlag, 1972.
5) M. R. Evans u. A. W. Preece: Viscum album – A possible treatment for cancer? Bristol Medico-Chirurgical Journal 88:17–20, 1974.
6) N.-O. Jacobson: Leben nach dem Tod? Edition Sven Erik Bergh, 1972.
7) J. Smith: The influence on enzyme growth by the »Laying-on of hands«. The Dimensions of Healing, 110–20. Los Altos, Calif., Academy of Parapsychology and Medicine, 1972.
8) B. Grad: Laboratory evidence of the »Laying-on of hands«. The Dimensions of Healing, 29–34. Los Altos, Calif., Academy of Parapsychology and Medicine, 1972.
9) F. Loehr: The Power of Prayer on Plants, New York, The New American Library (Signet Books), 1969.
10) H. K. Puharich: The work of the Brazilian healer Arigo. The Varieties of Healing Experience, 45–54. Los Altos, Calif., The Academy of Parapsychology and Medicine, 1971.
11) L. LeShan: The Medium, the Mystic and the Physicist. London, Turnstone Books, 1974. S. Hammond: We are all Healers. London, Turnstone, Books, 1973.
12) B. Staehelin: Urvertrauen und zweite Wirklichkeit. Zürich, Editio Academica, 1973.
13) S. R. Dean: Metapsychiatry – The interface between psychiatry and mysticism. Amer. J. Psychiat. 130:1036–8, 1973.
14) M. Polanyi: Life transcending physics and chemistry. Chemical and Engineering News, 21.8.1967, 54–66.
15) A. Koestler: The Roots of Coincidence, London, Hutchinson, 1972.
16) Psychoenergetic Systems and Theoria to Theory. Gordon & Breach, London und New York.
17) H. S. Burr: Blueprint for Immortality – The Electric Patterns of Life. London, Neville Spearman, 1972.
18) The First Ten Years of WHO, p. 459. Genf, WHO, 1958.

2

Olof Alexandersson

Gesundheit des Wassers – und des Menschen

Seit Urzeiten ist das Leben auf der Erde mit dem Wasser verbunden. Der griechische Philosoph Thales von Milet (624–545 v. Chr.) nannte das Wasser das Grundprinzip aller Dinge, aus dem alles entsteht und zu dem alles zurückkehrt. Schon in grauer Vorzeit wurde das Wasser auch mit der Gesundheit und der Heilkunst verknüpft. In der griechischen Mythologie wurde Äskulap, der Gott der Heilkunst, der Sohn Apollos und der Göttin der Gesundheit Hygiea, in einem Tempel verehrt, der neben Quellen erbaut worden war. Das Wasser galt frühzeitig als Heilmittel. Sowohl in der vorchristlichen Kultur als auch in der christlichen Religion war das Wasser ein Sinnbild der Reinigung und Wiedergeburt und wurde beim Gesundbeten angewendet.

Die Bedeutung des Wassers für die Entwicklung der Kultur und der Zivilisation ist so bekannt, daß hier nicht näher darauf eingegangen werden muß. Da alle großen Kulturen in der Nähe von Flüssen und Seen sowie an Meeresküsten entstanden sind, ist jede Kultur untrennbar mit dem Wasser verbunden.

Heute ist die Abhängigkeit des Menschen vom Wasser von erschreckender Aktualität. Der über die ganze Welt verbreitete Wassermangel – der durch Abholzung noch begünstigt wird – droht der Menschheit zum Verhängnis zu werden. Das noch vorhandene Wasser wird durch die widernatürlichen Maßnahmen der Menschen – Wasserverschmutzung durch Industrie und Landwirtschaft – verdorben.

Hinter der falschen Behandlung des Wassers steckt die grundlegende Unkenntnis vom Wesen des Wassers und von der Rolle, die es in den Lebensprozessen der Natur spielt. Es ist angebracht, einmal eine ganz andere Seite des Wassers zu beleuchten. Die Ausführungen basieren auf einer Forschung, die von der offiziellen Wissenschaft noch nicht anerkannt ist, aber bereits von all denen beachtet wird, die Wege und Mittel suchen, das Wasser auf der Erde zu retten. Das Forschungsergebnis und die daraus folgende Theorie sind auch für diejenigen interessant, die auf ihre eigene Gesundheit bedacht sind, denn es hat sich gezeigt, daß dem Wasser eine viel größere Bedeutung für die Gesundheit aller Lebewesen zukommt, als die Wissenschaft heute in Rechnung stellt.

Eigenart des Wassers

Wissenschaftler geben zu, daß das Wasser noch gründlicher erforscht werden muß. Man ist sich bewußt, daß es ein sehr merkwürdiger Stoff ist, eine äußerst stabile Verbindung. Seine Moleküle sind fester verbunden als die mancher Metalle. Es ist ein ausgezeichnetes Lösungsmittel für die meisten anderen Stoffe und eine wichtige Quelle sowohl für die chemische als auch für die physikalische Energie. Es kann selbst mehr Energie aufnehmen als viele andere Stoffe. Seine größte Dichte hat es bei 4° C, dem »Anomaliepunkt«. Wenn es gefriert – bei 0° C –, erstarrt es, wobei es sich nicht wie andere Stoffe zusammenzuzieht, sondern ausdehnt. Gerade die Abweichungen von der allgemeinen Regel sind der Grund, daß das Wasser für alle Lebensprozesse von entscheidender Bedeutung ist.

Aufbau der Wassermoleküle

Eine Besonderheit des Wassers ist unter anderem seine Molekularstruktur. Für die Wissenschaft ist die Materie aus einer Anzahl Grundstoffe zusammengesetzt, deren Atome auf verschiedene Weise zu Molekülen vereinigt sind, die ihrerseits ebenfalls auf verschiedene Weise zusammenhängen. Die Verbindung wird durch elektrische Kräfte geschaffen. Ein Atom besteht, einfach ausgedrückt, aus einem positiv geladenen Kern und einer Hülle aus negativ geladenen Elektronen; das gesamte Atom ist elektrisch neutral. Der verschiedenartige innere Bau der Atome ist der Grund dafür, daß es verschiedene chemische Elemente gibt. Bestimmte Atome mancher Elemente gehen durch die besondere Art ihrer Elektronenhülle, die sich mit der Kernladung in elektrischem Gleichgewicht befindet, ungern eine Vereinigung mit anderen Atomen ein. Das sind die sogenannten Edelgase wie Neon, Krypton usw. Atome anderer Stoffe erstreben die Vereinigung mit fremden Atomen, wobei Elektronen ausgetauscht werden. Typische solche Stoffe sind die Bausteine des Wassers, Sauerstoff und Wasserstoff. Sauerstoff ist ein zweiwertiges Element mit der Ordnungszahl 8 (Kernladungs- oder Protonenzahl des Atomkerns). Da das Wasserstoffatom nur ein Elektron hat, ist Platz für ein weiteres vorhanden. So verbindet sich das Sauerstoffatom mit zwei Wasserstoffatomen, und es entsteht das Wassermolekül. Abb. 1 zeigt das Schema dieses Vorgangs. Diese Verbindung verleiht dem Wasser merkwürdige Eigenschaften. Es ist nur wenig ionisiert; daher leitet reines Wasser den elektrischen Strom fast gar nicht. Das Dipolmoment (Produkt aus Ladung und Abstand) des Wassermoleküls erklärt die große Lösungsfähigkeit des Wassers. Es drängt sich zwischen die Atome anderer Moleküle und löst die Verbindungen zwischen ihnen auf. Durch diese Struktur hat das Wasser auch eine »abnorm« hohe Dielektrizitätskonstante, das heißt große Isolierfähigkeit. Wenn man die Maßzahl der Dielektrizitätskonstante im leeren Raum (Vakuum) mit 1 angibt, so beträgt sie beim Wasser 80. Zwei elektrische Ladungen im Wasser stoßen daher einander mit einer Kraft ab, die nur ein Achtzigstel der Kraft in einem luftleeren Raum beträgt. Die beschriebene Molekularverbindung beim Wasser muß allerdings als Standardmodell betrachtet werden. In Wirklichkeit ist das Wasser vielfältiger zusammengesetzt. Es gibt nämlich keinen Sauerstoff und keinen Wasserstoff ohne Varianten, die sogenannten Isotopen. Außerdem verbindet sich das Wasser mit anderen

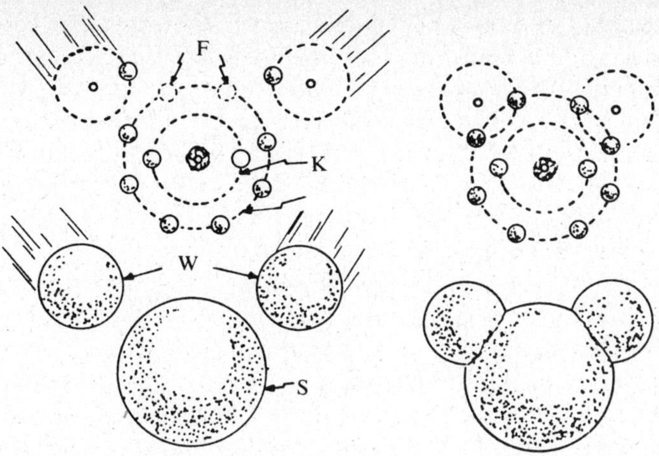

Abb. 1. Struktur des Wassermoleküls

F = unbesetzt; (K = Innenhülle; L = Außenhülle; W = Wasserstoff; S = Sauerstoff)

Stoffen, so daß es viele verschiedene Wasserarten gibt. Jede Probe reinen Wassers enthält bis zu 33 verschiedene Stoffe. In jüngster Zeit hat man mehrere interessante neue Entdeckungen gemacht, die die Anschauung, Wasser sei »nur« H_2O, umgestoßen haben. So stellten die Russen N. Fedjakin und B. V. Derjagin 1962 fest, daß Kondenswasser besondere Eigenschaften hat. Das wurde später von amerikanischen Forschern der Universität Maryland bestätigt. Der Siedepunkt ist nicht unter allen Umständen gleich, sondern kann unter 100° C liegen. Auch der Gefrierpunkt ist nicht immer 0° C. Die Verbindungsenergie kann fünfzehn- bis zwanzigmal stärker sein. Man vermutet, daß sie auch in manchen Pflanzenzellen gebildet wird.

Man weiß längst, daß die Zusammensetzung geschmolzenen Eiswassers gut für die Nieren ist und unter anderem Widerstandskraft gegen Maul- und Klauenseuche verleiht. Den Beweis dafür haben russische Forscher der Universität Tomsk geliefert. Gibt man Hühnern Schmelzwasser, so legen sie mehr Eier, Kühe liefern mehr Milch, Schafe mehr Wolle; Saatgut,

das damit bewässert wird, ist ertragreicher – aber die chemische Zusammensetzung ist dieselbe wie bei gewöhnlichem Wasser.
Man hat sogar entdeckt, daß Wasser den Magnetismus beeinflußt und verändert. Wird es mit einer bestimmten Schnelligkeit durch ein magnetisches Feld geführt, so verändert es insbesondere dessen Wirkung. Pflanzen, die mit Schmelzwasser bewässert werden, können zwanzig- bis vierzigmal so groß werden. [4]), [7]) Es hat sich auch gezeigt, daß das Wasser in den Zellen magnetisch-elektrische Eigenschaften hat. Da es das äußere magnetische Feld beeinflußt, wirkt es sich auch auf die Zelle selbst aus. [6])

Viktor Schauberger

Bei der Erforschung der chemischen und physikalischen Eigenschaften des Wassers sind zwar bedeutende Fortschritte gemacht worden, doch bleiben noch viele Fragen in bezug auf die ungewöhnlichen Eigenschaften des Wassers zu lösen. Hier sei nun ein autodidaktischer Forscher genannt, der sein ganzes Leben dem Studium des Wassers gewidmet hat und zu Ergebnissen gelangt ist, die oft von der konventionellen wissenschaftlichen Ansicht über die Eigenschaften des Wassers und seine Funktionen in der Natur abweichen.
Viktor Schauberger (1885–1958) war Österreicher. Seine Vorfahren waren Wald- und Wildhüter gewesen, und getreu der Tradition wurde er Förster. Schon bevor er seine Laufbahn antrat, verfügte er über ein vom Vater vermitteltes umfassendes Wissen über Wald und Wasser. Dieses Wissen war nicht aus Büchern geschöpft, sondern beruhte auf jahrhundertealter Erfahrung und praktischem Wirken in der Natur, überkommen vom Vater auf den Sohn.
Als Viktor Schauberger mit der Berufstätigkeit begann, unterstand ihm ein sehr großes Waldgebiet in der Steiermark, das wegen seiner Unzugänglichkeit fast unberührt vom Fuß des Menschen war. Hier konnte er mehrere Jahre lang Naturphänomene und Zusammenhänge beobachten, die heute nicht

mehr studiert werden können, weil es ein solches Naturgebiet nirgendwo mehr gibt. Auch das Naturgebiet in der Steiermark fiel schließlich der Ausbeutung zum Opfer. So konnte Schauberger auch beobachten, was geschieht, wenn der Mensch ein unberührtes Gebiet ausbeutet und die natürliche Ordnung auf den Kopf stellt. Diese vergleichenden Studien, die Schauberger mit besonders starkem Einfühlungsvermögen betrieb, ließen ihn erkennen, welch negativen Einfluß der Mensch meistens auf die Natur ausübt. So wurde er einer der ersten und schärfsten Kämpfer gegen die Naturverwüstung in der Welt.
Bei seinen Studien entdeckte Schauberger bisher unbekannte Phänomene und Gesetze bei Wasser und Vegetation, und diese Entdeckungen führten ihn zu einer neuen naturgemäßen Technik. So erfand er einen Flößkanal, in dem Baumstämme mit höherem spezifischem Gewicht als Wasser, ja sogar Steine in einem Minimum von Wasser schwimmen können. Er entwikkelte auch einen neuen Sperrdamm, der für Südeuropa von Bedeutung ist; ferner erfand er neue Methoden zur Flußregulierung, die das Leben in der Umgebung nicht stört, sondern begünstigt. Mehrere Jahre lang war er österreichischer Staatsexperte für Flößanlagen, und als er später eine Anstellung bei einer großen Baufirma annahm, baute er in ihrem Auftrag in mehreren südeuropäischen Ländern die von ihm erfundenen Flößanlagen. Der international bekannte Hydrologe Professor Forchheimer interessierte sich sehr für Schaubergers Theorien und sorgte dafür, daß Schaubergers Abhandlung »Temperatur und Wasserbewegung« 1930/31 als Artikelserie in der Wiener Fachzeitschrift *Die Wasserwirtschaft* veröffentlicht wurde. Darin beschrieb Schauberger seine grundlegenden Entdekkungen und Theorien über das Wasser, die stark von der Auffassung der konventionellen Hydrologie abwichen und auf erbitterten Widerstand stießen.
Schauberger machte noch andere Erfindungen, bei denen er seine Biotechnik oder »Implosionstechnik« anwendete, zum Beispiel Apparate und Maschinen zur Herstellung von Heilwässern, eine neue Wasserleitung zur Verbesserung des Wassers während des Transports, neue Antriebsmotoren für Flugzeuge, Apparate zur Erzeugung von Pflanzenenergie, Maschi-

nen für mechanische und elektrische Triebkraft und anderes mehr. Er ließ zwanzig Erfindungen patentieren. Techniker und Naturwissenschaftler setzten ihm jedoch heftigen Widerstand entgegen, und ihm selbst fehlte es an finanziellen Mitteln, so daß er seine Erfindungen in der Praxis nicht weiter entwickeln konnte. Als sich 1958 eine große amerikanische Firma erbot, seine Tätigkeit zu finanzieren, nahm er das Angebot unbesehen an. Drei Monate lang arbeiteten er und sein Sohn für diese amerikanische Firma, und Kernphysiker, die sich mit seinen Theorien befaßten, fanden sie umwälzend für die technische Entwicklung. Doch als er von seinen Auftraggebern genötigt wurde, ihnen für alles, was er entdeckt und produziert hatte, das Alleinrecht der Verwertung zu überlassen, brach er körperlich und seelisch zusammen und kehrte nach Österreich zurück, wo er kurz darauf starb. Inzwischen wurden seine Forschungen von seinem Sohn, Diplomingenieur Walter Schauberger, und anderen Forschern fortgesetzt.

Viktor Schaubergers Natur- und Lebensauffassung

Um Viktor Schaubergers Lehren und Theorien zu verstehen, muß man seine Natur- und Lebensauffassung kennen. Er betrachtet das Leben als einen Evolutionsprozeß, als ständige Entwicklung zu höheren Ebenen und zu einem fernen Ziel. Diese Entwicklung vollzieht sich in einer »zykloiden Raumkurve« (nach der Bewegung des Zyklons) oder »Raumspirale« (Abb. 2). Eine solche Bewegung verläuft von außen und einwärts in immer engeren Windungen und immer schneller, während sie über der Bewegungsachse aufsteigt. Diese Bewegungsform fand Schauberger überall in der Natur, vom Sonnensystem bis zur Mikrowelt. Bei Veredelung, Aufbau, Konzentration herrscht das Spiralprinzip vor. Wenn es aber zu Zerstörung, Abbau oder Auflösung kommt, geht die Bewegung vom Zentrum aus nach allen Richtungen. Dann herrscht das Explosionsprinzip (Abb. 3).[16, 17, 23a])
Beide Prinzipien kommen in der Natur vor, aber das Spiralprinzip muß überwiegen, wenn eine Entwicklung möglich sein

Abb. 2. Zykloides Bewegungsprinzip

soll. Und da stellt Schauberger etwas Verhängnisvolles fest: Die Technik, die der Mensch entwickelt hat und gerade heutzutage vorantreibt, basiert auf dem zerstörenden, auflösenden Prinzip. Überall – bei Dampfmaschinen, bei Auto- und Flugzeugmotoren, bei Raketen und Kernkraftwerken, bei der Behandlung des Wassers, des Waldes und des Bodens – wendet der Mensch die zerstörerische Technik an. Damit löst er eine

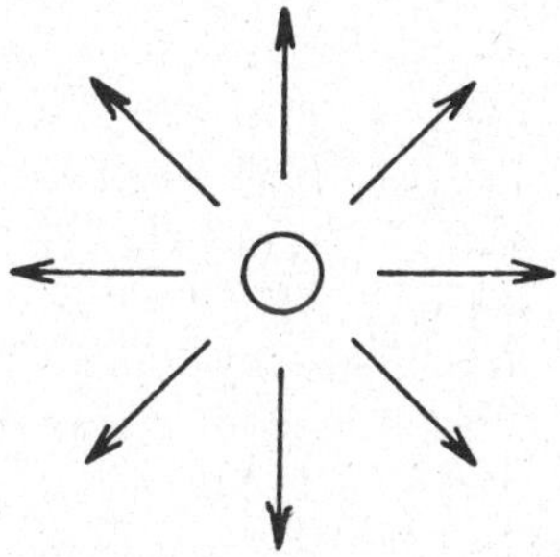

Abb. 3. Explosives Bewegungsprinzip

allgemein destruktive Energie aus, die den ganzen Lebensraum trifft und zu Qualitätsminderung, Naturzerstörung, Krankheit und Entartung führt. [20], [28]
Schaubergers natürliche Technik beruht hingegen auf der Spiralbewegungsform. Diese Technik ist dem Geschehen in der Natur angepaßt, der Evolution. Sie lenkt alle Medien, Wasser, Luft, Gas usw. in die zykloide Bewegung, wodurch auf allen Gebieten lebensfördernde, aufbauende Energie ausgelöst wird. Nach Schaubergers Meinung löst sich ein lebender Organismus beim Tod in unendlich kleine »Lebenspartikel« auf, in winzige Formen lebender Substanz, die man als die »Chromosomen der Luft und des Wassers« bezeichnen kann. Diese Lebensformen werden ständig aufs neue in die Lebensbewegung gezogen und bauen so neue lebende Organismen auf. Entscheidend ist dabei jedoch, daß sich dieser Zusammenbau vollzieht. Wenn neues Leben von hoher Qualität entstehen soll, was einen Schritt vorwärts auf der Evolutionsbahn bedeutet, darf sich der Zusammenschluß nur auf dem zykloiden Spiralprinzip vollziehen. [23b], [28] Davon wird noch die Rede sein.

Schaubergers Lehre vom Wasser: Das Wesen des Wassers

Für Schauberger ist das Wasser nicht einfach eine chemische Verbindung, sondern ein lebender Organismus, der geboren wird, sich entwickelt, stirbt – und neu aufersteht, wenn die Umstände es erlauben. Das Wasser kann zu einem Lebensträger werden, kann sich aber auch fehlentwickeln und zur Entartung führen. Alles hängt davon ab, ob sich das Wasser gemäß seinen Lebensbedingungen entwickelt. Das beginnt schon bei der Geburt, wenn sich das Wassermolekül bildet. Auf richtige Weise geschieht es, wenn die Wasserstoffmoleküle das Sauerstoffatom einfangen, auf falsche Weise, wenn der Sauerstoff den Wasserstoff einfängt. Was der Fall ist, das hängt davon ab, ob sich die Geburt in Wärme oder Kälte vollzieht und welche Bewegungsform überwiegt.
Wärme ist die schwächste aller wasserschädigenden Energien. Wenn bei der Molekülumwandlung Wärme herrscht (der Was-

serstoff vom Sauerstoff gebunden wird, statt umgekehrt wie beim organischen Aufbau), wird das Wasser ebenso wie die Pflanzensäfte fade, arm an wertvollen Stoffen . . . es entwickelt sich Krebs . . . es bilden sich krankheitserregende Bakterien. [22])

Der volle und halbe Kreislauf des Wassers

Der Kreislauf des Wassers von der Erde zur Atmosphäre und zurück zur Erde kann nach Schauberger auf zweierlei Weise vor sich gehen, nämlich als volle und als halbe Zirkulation.
Voraussetzung für den natürlichen vollen Kreislauf ist die Abkühlung des Bodens durch Bäume und Pflanzen, denn er muß kälter sein als der Regen, der darauf fällt. Durch das Zusammenwirken von Temperatur und spezifischem Gewicht des Wassers, das sich je nach Temperatur ändert, kann das Wasser tief in die Erde eindringen. Bei 4° C bildet sich eine Grundwasserschicht, aber ein Teil des Wassers sinkt noch tiefer und vergast, wenn es der Wärme im Erdinnern begegnet. Im Gaszustand kann es tief unten in der Erde Metalle und Nährsalze binden, so daß diese Stoffe, wenn das Wasser wieder aufsteigt, in den Pflanzenwurzeln abgelagert werden und hier ein Nahrungsdepot bilden. Hierauf steigt das Wasser durch Bäume und Pflanzen weiter auf und führt Nahrung mit sich; durch das Laubwerk verdunstet es in die Atmosphäre, wo es zu Nebel wird und dann als Niederschlag wieder herunterfällt.
Ist die Erde jedoch wärmer als der Niederschlag, so dringt das Wasser nicht ein, sondern fließt in halbem Kreislauf sogleich mit den Wasserläufen ab, wobei es oft den fruchtbaren Humus mitführt. Dabei bildet sich weder Grundwasser noch das Nahrungsdepot in den Pflanzenwurzeln. Infolgedessen sinkt das vorhandene Grundwasser immer tiefer, der Boden trocknet aus und wird unfruchtbar. [29a]), [e])
Beim vollen Kreislauf ist immer ein Zugang zum Grundwasser und zur Nahrung der Pflanzen vorhanden. Im Grundwasser gehen mehrere Prozesse vor sich: es »reift« – wie Schauberger sagt –, und erst wenn es reif ist, steigt es aus eigener Kraft em-

por, erfüllt von schwerkraftüberwindender Energie, aufwärts zur Erdoberfläche, wo es als natürliche Quellen entspringt, die zu Bächen und Flüssen werden. Nur dieses reife Wasser ist lebensfördernd. Deshalb darf Grundwasser niemals heraufgepumpt werden. Damit stört man den Veredelungsprozeß im Erdinnern, und ein solches »unreifes« Wasser ist schädlich für lebende Organismen; es nimmt ihnen Kraft, anstatt sie ihnen zu geben. Man muß der Natur ihren Lauf lassen, damit sich der Überfluß in natürliche Quellen ergießt. [12a]), [18])

Das Wasser als Energiespender

Für die Wissenschaftler spielt das Wasser als chemischer und mechanischer Energiespender eine große Rolle, zum Beispiel für Heiz- und Wasserkraftanlagen. Für Schauberger hingegen ist das Wasser in erster Linie Erzeuger und Vermittler der Lebensenergie.

So stehen wir wieder vor der geheimnisvollen Urkraft jeder Bewegungsform und -entwicklung, die stets ihren Ursprung im Wasser hat. Schon in uralter Zeit galt das Wasser als »Lebensblut«, als Lebensträger. Das eigentliche Geheimnis als Lebenserbauer, in das sich das Wasser hüllt, liegt in seiner Fähigkeit, eine bisher unbekannte Energie zu schaffen und diese Energie anzuhäufen und umzuwandeln. [26a])

Diese Energie, die das Wasser schafft und vermittelt, ist sowohl reine Wachstumsenergie als auch formgebende Energie. Es führt sie in die Landschaft hinaus und beeinflußt Wachstum und Entwicklung aller lebenden Organismen. Der Energieaufbau selbst vollzieht sich vor allem im Erdinnern, wo das Wasser im vollen Kreislauf – unter verschiedenen Temperaturschwankungen und abgesondert von Licht und Luft – aufgelöst und durch Verbindung mit allen möglichen Grundelementen erneut zusammengesetzt wird, was zu einer zykloiden Raumkurve in Übereinstimmung mit der Erdumdrehung führt. In der Erde vollzieht sich also teils eine Veredelung des niederfallenden Regenwassers, teils eine Neubildung des Wassers. Darum ist es notwendig, daß die Erde »Kohlenstoffe«

enthält. Wenn der Mensch der Erde die Kohle und das Öl nimmt, kann sich, wie Schauberger sagt, kein neues Wasser bilden. [12b]), [29h])

Das Wasser setzt den Aufbau und die Umwandlung seiner Energie fort, wenn es als Quelle zutage tritt. Voraussetzung für diesen Prozeß ist allerdings, daß das Wasser in Schlängelbewegung und durch möglichst viele Schattenzonen fließen kann und vor der direkten Sonnenbestrahlung geschützt ist. Denn Sonnenlicht und Wärme – letztere in erster Linie – schwächen die Energie des Wassers. Hier zeigt sich wieder die wichtige Rolle des Waldes. Der Schatten und die abkühlende Wirkung des Waldes und der Vegetation sind für den vollen Kreislauf notwendig. Aber Wald und Buschwerk längs des Wasserlaufs kühlen nicht nur durch Schattenspendung, sondern auch mit ihren Wurzeln. Denn damit das Wasser durchs Laubwerk verdunstet, ist Wärme erforderlich, und der Baum entnimmt der Erde die Wärme unter anderem im Umkreis seiner Wurzeln. Der Baum, der am Wasser steht, reicht mit seinen Wurzeln unters Flußbett und wirkt sich auch dort unten kühlend aus. In diesem Zusammenhang ist der Naturwald besonders wichtig. Er enthält viele Arten, von Kräutern bis zu großen Bäumen. Sowohl in den Wurzeln als auch in den Kronen bildet er gleichsam viele wirksame Stockwerke. Die Industriewälder sind hingegen wenig nützlich, ja oft sogar schädlich. Sie bestehen meistens aus einer einzigen Art (Monokultur) und üben infolgedessen geringe Kühl- und Schattenwirkung aus. Darum kann ein solcher Wald weder dem Wasser in der Erde noch der Erdoberfläche förderlich sein, so daß es den Wurzeln auch keine Nahrung zu bringen vermag. [27]), [29i]), [32b])

Wo natürlicher Mischwald ist, da gibt es auch Wasser in der Landschaft. Wenn das Wasser unter »arteigenen« Verhältnissen fließen kann, entsteht während des Laufs von der Quelle bis zum Meer neues Wasser: »Das Geheimnis der Geburt neuen Wassers liegt in der zykloiden Raumkurvenbewegung.« [11])

Wenn man Flüsse und Wasserläufe gerade ausrichtet oder gerade Kanäle anlegt, stört man die Entwicklung des Wassers und schwächt seine Energie: »In einem Wasserlauf, dem es an zykloider Bewegung mangelt, wird das Wasser warm, müde, bakterieninfiziert; es erhält einen faden Geschmack, verwüstet die Ufer und wird fischarm.« [14])

Schauberger beschreibt, wie ein natürlicher Wasserlauf ständig in pendelnder, gewundener Bewegung fließt und sich das Wasser gleichsam um die eigene Strömungsachse dreht. Seine Moleküle wirbeln einer Zentralströmung entgegen, die Ablagerungen, organische und anorganische Bestandteile, werden aufbereitet und zu neuem lebenstauglichem Aufbaumaterial veredelt. Infolge dieser Strömung sinkt auch die Temperatur gegen 4° C, wo das Wasser seine größte Dichte, das heißt Energiekonzentration hat. Von dieser Energieachse geht fortwährend ein wellenförmiger Energiestrom in die Landschaft aus. Ein solcher Wasserlauf greift weder seine Ufer noch seinen Boden an, und nicht einmal bei stärkstem Niederschlag überschwemmt er seine Umgebung. [29])

Das Wasser aber, das seinem natürlichen Lauf nicht folgen kann, durch Verschmutzung, ungehinderte Sonnenbestrahlung und Erwärmung gestört wird, seinen Weg durch neuzeitliche Turbinen und gerade Kanäle nehmen muß, neigt dazu, sein Flußbett zu verderben und Schwemmgut abzulagern, das den Lauf hemmt und Überschwemmungen und Verwüstung verursacht. Ein solcher Wasserlauf ist keine Kraftquelle für die Landschaft, sondern eine stete Gefahr. Auch das Wasser, das durch gerade Rohrleitungen geführt wird, verdirbt. Eisen und Stahl sind der chemischen Zusammensetzung des Wassers schädlich. [12c]), [23c]), [29k])

Wechselwirkung zwischen Wasser – Landschaft – Mensch

Sofern der Mensch nicht störend in die Ordnung der Natur eingreift, vollzieht sich das Wechselspiel zwischen dem Wasser und der übrigen Natur aufs beste. Üppige Vegetation schafft dem Wasser seine natürliche Umgebung, und das Wasser sorgt dafür, daß es der Vegetation nicht an Nahrung fehlt, und erzeugt zugleich Wachstumsenergie. Schauberger betrachtet ja den Wachstumsprozeß als eine Energiereaktion zwischen »Erde und Himmel«, zwischen der mit verschiedener Polarität ge-

ladenen Geosphäre und der Atmosphäre. Die Pflanzen sind das materialisierte Produkt des Energieausgleichs zwischen »himmlischen und irdischen Stoffen« in Strahlungsform. Ein solcher Energieausgleich muß sich über einer isolierenden Schicht vollziehen, sonst kommt es zu einem Kurzschluß, der kein positives Ergebnis herbeiführt. Das Wasser in der Erde, in den Wurzeln und in den Pflanzen spielt dabei eine große Rolle, auch als Isolator. Es sei an dieser Stelle an seine hohe Dielektrizitätskonstante erinnert. Wo Wasser fehlt, da verbrennt die Vegetation im Kurzschluß zwischen der Erde einerseits und dem Licht und der Wärme der Sonne andererseits.[29e]), [32a])
Das Eingreifen des Menschen in die Natur hat ihren Lebensprozessen bisher fast immer geschadet. Abholzung der Wälder, Monokultur, Flußregulierungen, Heraufpumpen des Grundwassers, Wasserverschmutzung und allgemein zerstörende Kräfte verhindern sowohl die Neubildung als auch die Entwicklung des Wassers. Dadurch nimmt die Fruchtbarkeit und damit die Qualität des Bodens ab. Gehalt und Aroma der Nahrungsmittel verschwinden. Der qualitative Niedergang unserer Vegetationsformen, besonders unserer höchsten Pflanzenorganisation, der Wälder, sowie der physische und moralische Verfall der Menschheit sind schon jetzt die Folgen der gestörten chemischen Zusammensetzung des Wassers und der Störungen in der Atmosphäre, verursacht durch die Verheerungen, die der Mensch dem Organismus Erde angetan hat. [12d])
Wird das normale Leben des Wassers gestört, so ergeben sich totaler Verfall und Entartung auf allen Gebieten. Die naturfremde Technik gibt der negativen Entwicklung ständig Impulse durch ihre Explosionsweise, ihren Abfall, ihre mechanisierte und chemikalisierte Forst- und Landwirtschaft und durch ihre Vergewaltigung des Wassers. Nach Schaubergers Meinung könnte diese negative Entwicklung durch eine naturfreundliche Technik ins Gegenteil verkehrt werden. Er gibt sogar Anweisungen, wie das vor sich gehen müßte.

Noch bleibt vieles von Schaubergers Theorien und Hypothesen nachzuprüfen. Einige Tatsachen zeigen jedoch, daß er auf dem festen Boden der Wirklichkeit gestanden hat. Teils beweisen es seine eigenen praktischen Unternehmungen und die Ergebnisse der neusten biotechnischen Forschung, teils unterstützen bisher wenig beachtete Entdeckungen in der klassischen Physik seine Behauptungen. Einige Beispiele dieser experimentalphysikalischen Fakten seien hier aufgeführt.

Der österreichische Professor Ludwig Boltzmann (1864–1906) stellte fest, daß sich das Wassermolekül nicht geradlinig bewegen »will«, nur in der Wirbelbewegung. Professor Felix Ehrenhaft (1879–1952), ebenfalls österreichischer Physiker, stellte fest, daß sich das Licht spiralenförmig bewegt. Er schloß Staubteilchen in einem luftleeren Glaskolben ein und ließ Licht hineinfallen. Die Staubteilchen setzten ihre sehr komplizierte Spiralbewegung gegen die Richtung des Lichtstrahls fort. Die Photonen des Lichtes nahmen die viel, viel größeren Partikel »auf den Rücken« und rissen sie in einem Wirbeltanz mit, wobei ihre Struktur sichtbar wurde. [1])

Bei einem Versuch an der Technischen Hochschule in Stuttgart, 1953, wurde Schaubergers Theorie dadurch bewiesen, daß man mit einem spiralförmigen Rohr den Bewegungswiderstand des gegenströmenden Wassers fast vollständig aufheben konnte.[21]) Neue Methoden für Wasserprüfung, von denen Dr. W. Drobeck, Direktor des Hamburger Wasserwerks, berichtet, haben Schaubergers These bestätigt, daß sich die Struktur des Wassers verändert, wenn es durch Druckpumpen oder Turbinen geleitet wird. [3])

Schaubergers grundlegende Lehre von den zwei Bewegungsformen wird durch die Entdeckungen der Biologie bekräftigt. Die Physik hat ja schon längst behauptet, daß sich die Energie unter anderem als Wärme darstellt, die »bei Atomen und Molekülen eine ungeordnete Bewegung« ist, also ein Maß an Unordnung, das als Entropie bezeichnet wird. Man hat auch behauptet, Energie strebe von einer höheren Ebene zu einer tieferen zum Ausgleich des Energieunterschieds, der eines Tages zum »Wärmetod« des Universums führen werde, wenn diese Unterschiede ausgeglichen sind. Die Biologie hat jedoch bewiesen, daß dies, mag es auch auf den Tod des »mechanischen Systems« zutreffen, nicht allgemein für lebenden Stoff gilt. Beim Lebendigen sind die Energieprozesse in entgegengesetzter Richtung eingestellt und streben zur Konzentration, zum Aufbau und zur Wertsteigerung, was man als Ektropie, später negative Entropie bezeichnet hat. Dem Prinzip der Entropie, das Auflösung, Umordnung, Unordnung, Wertverminderung bedeutet, steht die negative Entropie als ordnendes, aufbauendes Prinzip gegenüber. Hier haben wir die Übereinstimmung mit Schaubergers Lehre vom Prinzip der Explosions- und der Implosionsenergie. [8])

Wasser und Gesundheit

Die ganze Natur – Klima, Flora und Fauna – erleidet schwere Störungen, wenn das lebenspendende Wasser versiegt oder verändert wird. Besonders der Mensch ist abhängig von einem guten, gesunden Trinkwasser, wenn er sich artgemäß entwikkeln und in voller Gesundheit leben soll.

Die Rolle des Wassers im menschlichen Organismus ist vielfältig und lebenswichtig. Der menschliche Körper besteht zu sechzig bis siebzig Prozent aus Wasser, und ohne Wasser kann kein Stoffwechsel stattfinden. Das Gehirn besteht bis zu neunundsiebzig Prozent aus Wasser, die Leber bis zu siebzig Prozent. Das Blut hat fast die gleiche Zusammensetzung wie Meerwasser. Man vergleicht den Menschen gern mit einer Säule, die mit strömendem Wasser gefüllt ist; denn nirgends in seinem Körper steht das Wasser still, es ist in ständiger Bewegung. Jede Minute strömen fünfzehn Liter Blut durch unsere Gefäße.

Die medizinische Wissenschaft ist sich durchaus darüber klar, welche Rolle das Wasser für Gesundheit und Krankheit spielt. Schaubergers Forschungsergebnisse haben jedoch die Aufmerksamkeit auf das wichtige Phänomen der Bewegungsform des Wassers und des Wasserstoffkerns sowie auf die Bewegungskräfte im lebenden Organismus gelenkt. Zu den hervorragendsten Forschern auf diesem Gebiet gehört der deutsche Physiker, Biologe und Arzt Wilhelm Balters (1893–1973).

Wilhelm Balters und seine Strömungstheorie

Professor Wilhelm Balters' Name ist vor allem mit der modernen Entwicklung der zahnärztlichen Heilkunst verknüpft, zu der er einen wichtigen Beitrag geliefert hat. Aber sein Bestreben, eine Therapie zu entwickeln, die sich auf den ganzen Menschen bezieht, nicht nur auf einzelne Symptome, führte ihn weit über dieses Gebiet hinaus. [10]) Insbesondere widmete er sich orthostatischen Fragen, das heißt den Wachstumsstörungen. Darüber sagt er unter anderem:

Man hat festgestellt, daß heute über achtzig Prozent der Kinder an Skelettschäden leiden. Schon in frühen Jahren ist das Verhältnis zwischen den Organen gestört, und es treten bei der Zahn- und Kieferstellung Mißbildungen auf, ganz zu schweigen vom Zahnverfall.

Dieses Syndrom, das von einer Störung des Stoffwechsels herrührt, kann als ein Zeichen unserer Zeit betrachtet werden; dagegen läßt sich weder mit den gewöhnlichen Hilfsmitteln der Diagnostik noch mit gewöhnlicher Therapie Abhilfe schaffen. Das ist nur möglich, wenn die gestaltbildende und gestaltbewahrende Fähigkeit durch zweckdienliche Bewegung wiederhergestellt wird, denn das, was wir Schöpfung nennen, ist der sichtbare Ausdruck der Kraft und Bewegung in der Natur. [2])

Die Suche nach neuen Methoden zur Regulierung der Zahn- und Kiefermißbildungen führte Balters zu Schaubergers Forschungen, und zwischen den beiden entstand eine herzliche Freundschaft. Schauberger hatte unter anderem gesagt, man könne einen Fluß niemals durch Veränderung seiner Ufer regulieren, ohne das strömende Medium (das Wasser) selbst zu beeinflussen. Diese These sowie Schaubergers Lehre von der zykloiden Bewegung wurden der Ausgangspunkt für Balters' neue Zahnregulierungstherapie. Sie soll hier geschildert wer-

den, weil sie auch für andere medizinische Gebiete faszinierende Möglichkeiten zeigt.
Den »Flußufern« in Schaubergers Theorie entsprechen in Balters' Fall die mißgebildeten Gaumen, Kiefer und Zähne. Aber was entspricht dem »Wasser des Flusses«? Balters sagte sich, es müßten Blut, Lymphe und Speichel sein, die fortwährend in den mißgebildeten Organen kreisen. Durch die Tätigkeit dieser Flüssigkeiten sind sie aufgebaut worden, und die Ursache der Mißbildung ist also in einer fehlerhaften Zusammensetzung und Bewegungsform der strömenden Flüssigkeiten zu suchen. Schauberger betrachtete ja sowohl die Entstehung als auch die Auflösung der Materie als Ergebnis einer von der Bewegung hervorgerufenen Energiereaktion. Balters fand diese Anschauung richtig. Auch der Physiker und Nobelpreisträger Werner Karl Heisenberg hatte betont, daß Energie und »Materialität« (bei der Stoffwerdung) diesem Wesen entsprechen. Demnach ist die Materie nicht etwas Statisches, sondern hat dynamische Eigenschaften, ist also in Bewegung und verändert sich. Die Grenze zwischen dem Lebenden und dem »Leblosen« verwischt sich. Alles lebt, im vorliegenden Fall auch die harten Zähne und Kieferknochen. So war es ihm klar, daß sich ihre Bildung beeinflussen läßt, sogar die Verformung beim erwachsenen Menschen. Balters gelangte zu der Schlußfolgerung: Beim Stoffwechsel handelt es sich nicht um irgendeinen Vermischungsprozeß, sondern um eine Umwandlung, die sowohl auf Abbruch und Umbau als auch auf Aufbau eingerichtet ist. [2])
Aber so etwas kann eine gewöhnliche Kreisbewegung nicht bewerkstelligen, sondern es erfordert eine besondere Bewegung und Gegenbewegung, die Energie voraussetzt und die eine Umwandlung von Energie in Materie und von Materie in Energie herbeizuführen vermag. [2])
Eine derartige Bewegung ist die Eigenart der Spirale, und genau diese Bewegung hatte Viktor Schauberger im Bewegungsbild des gesunden Wasserlaufs gefunden. Wie sollte nun Balters diese Bewegungsform in den Flüssigkeiten in der Mundhöhle hervorrufen, um zu bewirken, daß durch den Stoffwechsel die Mißbildungen zum Verschwinden gebracht und gleich-

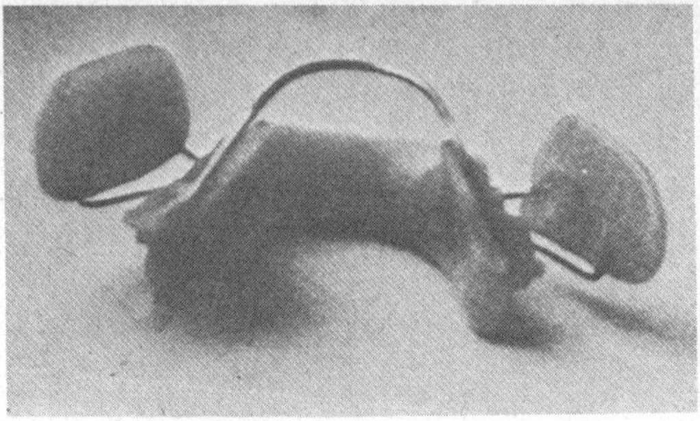

Tafel I, 1. Bionator (von hinten gesehen).

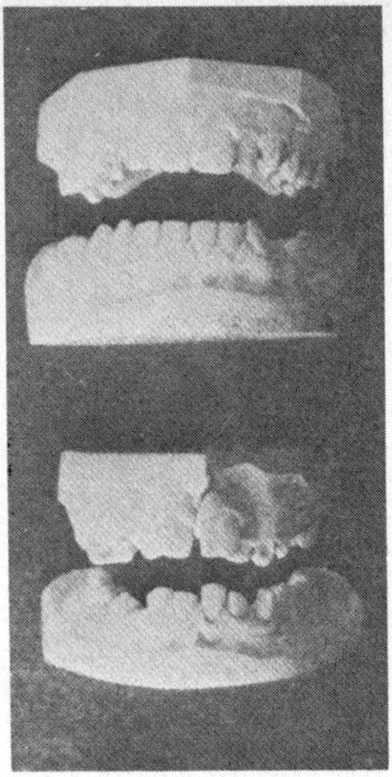

2. Zahnregulierung mit Bionator. Unten vor, oben nach der Behandlung.

3. Anordnung beim Steigbildversuch.

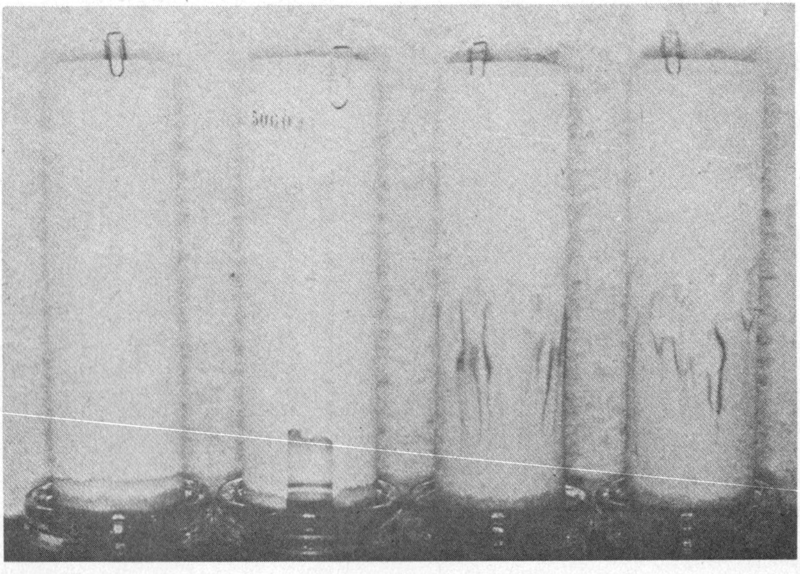

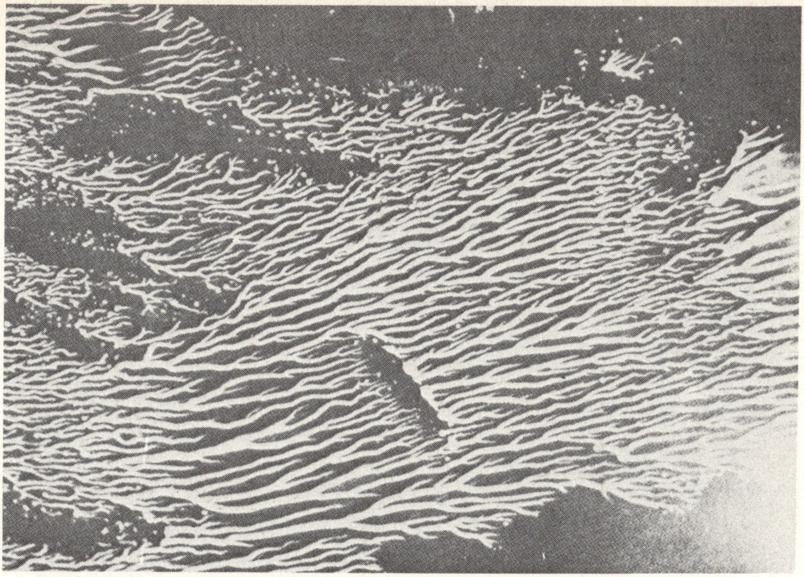

Tafel II, 1. Auslösung der Formkräfte bei einem Wassertropfen.

2. Durch Metallpartikel gestörte Formkräfte.

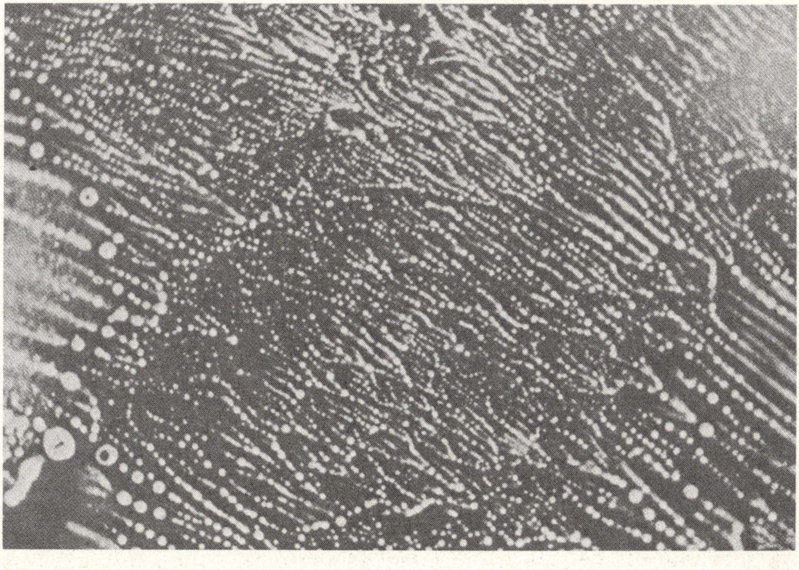

zeitig mit neuem Material eine harmonische Gestalt gebildet wurde? Er fand die Lösung im Bionator (Tafel I,1). Das ist ein individuell angepaßter Schirm, der innen an den Zähnen getragen wird und sich leicht einsetzen und herausnehmen läßt, zum Beispiel beim Essen. Er muß allerdings während der Behandlungsdauer möglichst oft und lange getragen werden. Außer dem Verzicht auf industriell hergestellten Zucker gibt es keine weiteren Vorschriften. Was geht nun bei dieser Behandlung vor sich? Hinter diesem Schirm arbeitet die Zunge wie eine Pumpe, so daß der Speichel im Zwischenraum zwischen Zähnen und Schirm in Fluß kommt. [2]), [9]) Wie aber kann dieser Speichelfluß den Stoffwechsel beeinflussen? Das ist klinisch noch nicht klargestellt, aber wenn man Schaubergers Theorie in Betracht zieht, nach der die Energie eines Wasserlaufs den Boden der Umgebung beeinflußt, kann man sich eine ähnliche Induktionswirkung des Speichels auf Blut und Lymphe vorstellen. Wie es einem elektrischen Transformator möglich ist, Energie von einer Drahtspirale auf etwas zu übertragen, das mit ihm nicht metallisch verbunden ist, ist es auch denkbar, daß Strömungsenergie eine solche Induktionswirkung ausübt. Jedenfalls ist das Ergebnis der Behandlung fast ein Wunder: In kurzer Zeit – von einigen Monaten bis zu etwa einem Jahr – vollzieht sich bei den mißgebildeten Zähnen oder Kieferknochen eine spürbare Veränderung. Sie werden gleichsam in eine harmonische Form umgegossen (Tafel I,2). Ein allzu langer oder allzu kurzer Unterkiefer wird normal; mißgebildete oder fehlgewachsene Zähne richten sich aus, und als Nebenwirkung heilen oft entzündete Mandeln im Hals. Balters' Arbeit wird in seiner Klinik in Waldbröl bei Bonn von seinem Freund und Mitarbeiter, Medizinalrat Dr. Pranschke, fortgesetzt.

Balters' neues Therapieprinzip, die schöpferische Bewegung nachzuahmen und zu Heilzwecken anzuwenden, könnte in Zukunft auch auf anderen medizinischen Gebieten Anwendung finden. Es besteht zum Beispiel eine interessante Ähnlichkeit zwischen dem menschlichen Blutsystem (beziehungsweise dem pflanzlichen Saftsystem) und einem Flußsystem in der Natur. Die Verästelung von gröberen Stämmen zu immer feineren »Gefäßen« findet man schon beim Wassertropfen als

»Anlage« oder als »vorprogrammierte« Formkraft. Tafel II, 1 zeigt das Bewegungsbild eines Wassertropfens, der zwischen zwei Quarzglasplatten liegt, in dem Augenblick, wo die obere Platte schnell von der unteren abgehoben worden ist. In diesem Augenblick setzt sich das Wasser in Bewegung, und es bildet sich in der kleinen Wassermenge ein ganzes Fluß- oder Gefäßsystem. Tafel II, 2 zeigt, was hingegen geschieht, wenn dem Wasser, aus dem der Tropfen stammt, eine winzige Menge Metallpartikel beigefügt worden ist. Man sieht, daß die »Formkräfte« vollständig aufgelöst sind und ein Chaos entstanden ist.

Unser heutiges Leitungswasser enthält viele Fremdstoffe, die von der Kläranlage nicht ausgeschieden werden können. Außerdem ist es von Anfang an all den ungünstigen Einflüssen ausgesetzt, die seine normale energie- und gestaltbildende Bewegungskraft stören. Wie muß sich ein solches Wasser auf unseren Organismus auswirken, wie auf den Organismus der Pflanzen, die uns als Nahrung dienen?

In diesem Zusammenhang läßt sich ein interessanter Vergleich zwischen dem Aussehen und dem Verhalten der verdorbenen Wasserläufe und dem Vorkommen von Aderverkalkung, erhöhtem Blutfettgehalt, Krampfadern, Herzinfarkt und Kreislaufstörungen machen.

Viktor Schauberger hat ja festgestellt, daß der normale Wasserlauf die Ufer nicht belastet. Er ist sozusagen in mehrere Abschnitte von ungleicher Dichte eingeteilt. Er fließt vom einen Abschnitt zum anderen, und das mitgeführte Schwemmgut wird immer dort abgelagert, wo es als geeignete Nahrung für die Pflanzen bearbeitet werden kann. Dann erst wird es am Ufer abgelagert, wo es nun allen Gewächsen als Nahrung und Energiequelle dient.

Wenn jedoch der Wasserlauf gestört wird und das Wasser seine richtige Bewegungsform verliert, werden Schlamm, Sand und Kies in unbearbeitetem Zustand aufs Geratewohl am Ufer abgelagert, denn das Wasser kann das Schwemmgut nicht mehr bearbeiten, weil sein Stoffwechsel nicht mehr funktioniert. Es ist verstopft, es ergeben sich Stauungen. Es ist keine Energiequelle mehr für alles Lebende, sondern richtet seine

Ufer zugrunde, überschwemmt sie und schädigt die Landschaft.
Im gestörten Gefäßsystem werden auch die »Ufer« angegriffen, nämlich die Wände der Blutgefäße. Die Ablagerungen führen Verstopfungen herbei, oder es kommt zu Brüchen. Das Blut kann seine Fahrrinne nicht mehr rein halten, kann das mitgeführte Material weder befördern noch bearbeiten und an den richtigen Stellen ablagern. Die Bewegung des Blutes vollzieht sich nicht in der Strommitte, sondern in der Nähe der »Ufer«, es herrscht das Prinzip der explosiven Bewegung. Der Ursachen dieses anomalen Zustands sind sicher viele: falsche Ernährung, zugeführte Giftstoffe, Abspannung usw.; aber eine der Hauptursachen ist das verdorbene Wasser, das wir trinken, ein Wasser, das nicht mehr seine normale Bewegungskraft hat und infolgedessen nicht zu einem normalen Stoffwechsel beitragen kann.
Es ist also ersichtlich, wie eine verkehrte Technik in Industrie, in Forst- und Landwirtschaft und in der Behandlung des Wassers schließlich das Blutsystem des Menschen betrifft. So schlägt die Natur gegen den zurück, der dem Wasser schadet, dem »Blut der Erde«.

Wiedererneuerung bzw. -gewinnung des lebendigen Wassers

Aus den bisherigen Ausführungen geht hervor, daß es eine der wichtigsten Aufgaben des Menschen ist, die natürliche Ordnung auf Erden in nächster Zukunft zu rekonstruieren, damit die Natur wieder ein gesundes, lebendiges Wasser liefern kann. Wie das nach Schaubergers Auffassung zu geschehen hat, soll hier kurz beschrieben werden. Es liegt klar zutage, daß die Menschheit, allgemein gesehen, das technische Prinzip als herrschenden Faktor der Weltentwicklung aufgeben muß. Statt dessen muß eine naturgemäße Technik das Vorgehen in Industrie, Forst-, Land-, Energie- und Wasserwirtschaft bestimmen. Das setzt allerdings die Umkehr zu einer neuen Naturauffassung voraus. Viktor Schauberger fand, daß die heutige Wissenschaft in bezug auf die Natur »eine Oktave zu tief«

denkt. Das heißt, die wissenschaftlich-technologische Auffassung über Struktur und Funktion der Natur ist zu mechanistisch, zu primitiv. Darum gerät die menschliche Technik immerzu in Konflikt mit dem Ordnungsverhältnis der Natur. Der Schweizer Physiker W. Heitler ist der Überzeugung, daß die Anwendung der Wissenschaft großenteils lebensfeindlich und der Glaube an ein mechanistisches Weltall der gefährlichste Aberglaube unserer Zeit ist. Das zeugt von einer grundlegenden Unkenntnis der wirklichen Verhältnisse in unserem Dasein, die ihrerseits zu einer falschen Behandlung der Natur führt – mit schwerwiegenden Folgen, nicht zuletzt für den Menschen selbst. Walter Schauberger hat das folgendermaßen ausgedrückt: Wer Unordnung schafft, stürzt sich selbst ins Chaos. Wer Auflösung bewirkt, löst sich zum Schluß selbst auf. Es gibt eine innere Verbindung zwischen der wirkenden Kraft und dem Effekt dieser Kraftwirkung. Ein Reflex wird von der Biosphäre auf den Menschen zurückgeworfen, der sie mit seiner Handlungsweise stört. [33])
Es gilt also für den Menschen, mit dem genauen Studium zu beginnen, wie die Natur wirklich beschaffen ist und wie sie sich auswirkt, und sie dann mit seiner Technik nachzuahmen. Die zukünftige Technik muß auf demselben Evolutionsprinzip beruhen, das die Weltentwicklung steuert. Davon war Viktor Schauberger überzeugt, und er gab viele Ratschläge und Anweisungen für die alleinige Anwendung dieses Prinzips, mit dem schnellstens unter anderem das Wasser auf Erden gerettet werden muß. Wenn diese Vorkehrungen durchgeführt werden könnten, so würde es eine durchgreifende Restaurierung der Landschaft im Hinblick auf den natürlichen Zustand bedeuten. Dahinter müßten sogar andere Lebensfaktoren wie Luft und Erde zurückstehen.

Wiederherstellung des natürlichen Waldes

»Der Wald ist die Wiege des Wassers«, sagte Schauberger. Je natürlicher der Wald, desto mehr Wasser. Darum müssen alle Naturwälder, die es heute noch gibt, vor der Ausbeutung bewahrt bleiben, und alle neu angepflanzten Wälder sollten wie der natürliche Mischwald angelegt werden. Das Lichten muß vorsichtig vorgenommen werden. Schattenliebende Bäume, zum Beispiel die Tanne, dürfen nicht unbeschränkt dem Sonnenschein ausgesetzt werden, ehe sie einige Jahre alt sind; sie müssen im Schutz größerer Mutterbäume wachsen. Kahlschlag großer Flächen darf nicht vorkommen. Wo das Grundwasser sinkt, trocknet der Boden aus, setzt Erosion ein, verändert sich das Klima, drohen bei starkem Niederschlag Überschwemmungen, verschwinden nützliche Kräuter und Sträucher. Schädlinge greifen die Bäume an. [13]), [15]), [29g])

Wiederherstellung des Wasserlaufs

Die Wiederherstellung des Naturwaldes ist die erste Maßnahme zur Wiederherstellung des Wasserlaufs. Die Quelle, die im Wald entspringt, muß ebenso Schatten haben wie Bach und Fluß, die der Quelle entströmen. Wenn der Wasserlauf aus dem Wald in die Landschaft hinausführt, müssen die Ufer dem Wasser Schatten spenden können. Jeder natürliche Wasserlauf neigt dazu, längs seiner Ufer Vegetation zu schaffen. Wo es nötig ist, muß durch Anpflanzung nachgeholfen werden.
Der Wasserlauf muß nach seinem Willen in Windungen erfolgen können, und wenn sich eine Regulierung nicht umgehen läßt, zum Beispiel für ein Kraftwerk, zum Flößen und dergleichen, muß auf jeden Fall Rücksicht auf diese Eigenart des Wassers genommen werden. Schauberger gibt dafür in seiner Abhandlung genaue Anweisungen, und viele seiner technischen Anordnungen wurden patentiert. Werden Dämme und Sammelbecken nach seinen Anweisungen angelegt, so ergeben sich die richtigen Temperaturverhältnisse, wodurch das Wasser die richtige Bewegung beibehält. [29b–d]) Das heutige Wasserkraftwerk muß durch eine biotechnische Anlage ersetzt werden. Schauberger löst das Problem dadurch, daß die Wärmeenergie durch zykloide Bewegung direkt in mechanische Bewegungsenergie umgewandelt wird. Aus je einem Liter strömendem Wasser wären in der Sekunde 5,7 PS zu gewinnen,

wenn ein Temperaturabfall auf 1° C ausgenützt würde. Das ergäbe sogar bei einem kleinen Wasserlauf eine gewaltige Energiemenge. [24]) Soll ein gestörter Wasserlauf wiederhergestellt werden, so kann es anfangs notwendig sein, im Flußbett Vorrichtungen anzubringen, die beim Wasser die richtige Bewegungsform bewirken und erhalten. Auch für diese Vorrichtungen gibt Schauberger Anweisungen. [25]), [36])

Neue Methoden der Wasserreinigung

Die Methoden, die heute bei der Wasserreinigung angewendet werden, entsprechen nicht der Eigenart des Wassers. Der eindrucksvollen wissenschaftlichen Methodik und allem Rüstzeug zum Trotz muß leider festgestellt werden, daß es noch an vielem mangelt, bevor man wirklich von einer Wasserpflege sprechen kann. Das gilt auch für die Technik der Wasserreinigung und -untersuchung.

Obwohl gute Chemikalien und sogenannte biologische Reinigung angewendet werden, ist das Wasser, das eine moderne Reinigungsanlage verläßt, von naturreinem Wasser weit entfernt. Die übliche »Qualitätskontrolle« trügt insofern, als nur Leitungsvermögen, Säuregehalt, Oberflächenspannung, Bakterienzahl usw. geprüft werden, wohingegen der Gehalt an krebsfördernden Stoffen, chemischen Bekämpfungsmitteln, Metallpartikeln und dergleichen fast nie untersucht wird. Eine Kontrolle, ob das Wasser seine natürlichen Bewegungs- und Formkräfte behalten hat, kennt man überhaupt nicht. In dieser Hinsicht fehlt es an einer anerkannten Analysiermethode. Die heutigen Testmethoden arbeiten durchweg unzulänglich, sie geben keinen Aufschluß über die lebensentscheidenden Eigenschaften des Wassers. Zwar werden nun neue Methoden entwickelt, doch das geschieht meistens außerhalb der Grenze der offiziellen Hydrologie. Dr. W. Drobeck, der Direktor der Hamburger Wasserversorgung, berichtet von zwei Versuchen, die Eigenart des Wassers in den Griff zu bekommen. Die eine Methode arbeitet mit sogenannten Steigbildern: Dem Wasser, das untersucht werden soll, setzt man eine winzige Menge löslicher Metallsalze zu und saugt es dann in einen Streifen Filtrierpapier auf. Das Wasser »zeichnet« auf das Papier ein Bild, das typisch ist für seinen augenblicklichen inneren Zustand. Ein geringer Zusatz von Metallpartikeln, pflanzentötenden Mitteln, Durchblasung mit Luft, Beleuchtung und Wirkung der Zentrifugalkraft in der Druckpumpe ergeben jeweils ein ganz anderes Bild. Damit ist also Viktor Schaubergers Testergebnis bestätigt, daß sich die Struktur des Wassers verändert, wenn es durch Druckpumpen und Turbinen geleitet wird.

Die zweite Methode, das Tropfenbild, die T. Schwenk entwickelt hat, veranschaulicht ebenfalls die lebendigen Kräfte des Wassers – oder deren Fehlen. Dabei läßt man einen Wassertropfen in eine Schale Glyzerin fallen. Bei der Berührung entsteht ein Bild, das den augenblicklichen Zustand der Wasserprobe kennzeichnet, und dieses Bild wird fotografisch festgehalten. [3]), [35])

Abgesehen von den unzulänglichen Analysierverfahren, ist die Kläranlage auch form- und funktionsmäßig dem Wasser nicht angepaßt. Becken, Behälter, Kanäle, Leitungssysteme usw. haben eine unnatürliche Form, die die Bewegung des Wassers stört und entstellt. Durchblasung mit Luft, Beimischung von Chlor und Ozon, Zusatz von Fällungsmitteln, unbeschränkte Sonnenbestrahlung in Eindämmungen und Becken tragen auch nicht gerade zur Gesundung des Wassers bei. Versuche, die Viktor und Walter Schauberger in den fünfziger Jahren an der Technischen Hochschule in Stuttgart mit einer neuen Apparatur unternommen haben, und spätere Versuche von Walter Schauberger und einer Forschergruppe verweisen auf eine ganz neue Art der Wasserreinigung, bei der gerade die zykloide Bewegung, naturgemäße Form der Behälter und Kanäle sowie das verwendete Material von entscheidender Bedeutung sind. [34])

Neue Art der Wasserreinigung

Nach Viktor Schaubergers Ansicht tragen die üblichen Wasserleitungen aus Eisen- oder Betonrohren zur Schädigung des

Wassers bei, teils durch die Einwirkung des wasserfeindlichen Materials, teils durch die runde Querschnittsform und die schnurgerade Verlegung. Er bezeichnete Eisen als »Wasserräuber«, der in das Wassermolekül einbricht, und Beton als typisches künstliches Erzeugnis, hergestellt durch gewaltsame Vermischung verschiedener Stoffe, die dem Energieverhältnis des Wassers unzuträglich ist. Sein Modell für Wasserleitungen besteht dagegen aus einem Stoff, der vom Wasser selbst in der Erde aufgebaut wird, nämlich aus pflanzlichen Substanzen und höheren Organismen. Das beste Material ist Holz, das durch entsprechende Behandlung so haltbar wie Eisen gemacht werden kann. Die Form ist wichtig; sie darf die Eigenbewegung des Wassers nicht hindern, sondern muß sie unterstützen. Ein Rohr, das diese Wirkung hat, wurde patentiert, ebenso die Anordnung eines größeren Rohrleitungssystems, bei dem der runde Querschnitt keinen Schaden anrichtet, da Führungskanäle im Rohr das Wasser in die natürliche Richtung lenken. Wichtig ist dabei selbstverständlich, daß das Wasser in den Leitungen vor Erwärmung geschützt wird. In einem solchen naturgemäßen Führungssystem wird minderwertiges Wasser durch die Prozesse verbessert, die die zykloide Bewegung bewirken und erhalten. [12e]), [31])

Herstellung von Heilwasser

Viktor Schauberger machte Versuche, ein Wasser künstlich herzustellen, das die Eigenschaften der bekannten Heilquellen hat. Das gelang ihm auch. Mit seinen Apparaten verwandelte er schmutziges Donauwasser in ein Wasser, das, wie die offizielle Analyse zeigte, dieselben Eigenschaften wie eine berühmte Heilquelle in Österreich hatte. Dieses Wasser wirkte erwiesenermaßen bei verschiedenen Krankheiten heilsam, wurde jedoch von den Behörden als Quacksalberei betrachtet und verboten. Schaubergers Verfahren zur Herstellung von Heilwasser bestand aber nur in der Nachahmung der Natur: Unter Ausschluß von Wärme und Licht wurde das Wasser mit Zusatz von Metallen und Mineralsalzen in zykloide Bewegung in ein verschlossenes Gefäß von bestimmter »natürlicher« Form gebracht. Das Ergebnis war nicht nur eine Mischung der genannten Bestandteile, sondern auch eine organische Struktur. [19]), [30])

Schlußwort

In einem Bericht für die UNESCO beschrieb eine schwedische Forschergruppe die zukünftige hydrologische Forschung. Darin wird betont, daß die Welt schon in fünfundzwanzig Jahren in einer Wasserkrise sein kann, die die gesamte ökonomische Entwicklung bestimmen wird.

Unter anderem wird hervorgehoben, daß sich der Wasserbedarf bis zum Jahr 2000 verdreifachen, der Wasserverlust aber verzehnfachen wird. Die verzehnfachte Wasserverunreinigung kann zu einer Katastrophe führen, wenn keine anderen Methoden zur Produktion und Reinigung des Wassers als die heute üblichen angewendet werden. Die Qualität des Wassers wird sich immer mehr verschlechtern. Es ist zu erwarten, daß die Verunreinigung – sogar des Grundwassers – durch Industrie, Gesellschaft, Forst- und Landwirtschaft, Kraftwerke usw. solche Ausmaße annehmen wird, daß sie sich mit der heutigen Technik nicht mehr meistern läßt. Die moderne Forstwirtschaft, die unter anderem eifrig große Wälder kahlschlägt, wird zum Beispiel die Gefahr gewaltiger Überschwemmungen zur Folge haben. Auch der Städtebau mit seiner Tiefkanalisation und der Überbauung weiter Gebiete wird zu einem hydrologischen Problem führen.

Die Behörden weisen zwar darauf hin, welche Fortschritte die technische hydrologische Forschung längst gemacht hat, aber die Erforschung der Naturgesetze ist um so mehr vernachlässigt worden. Das heißt, man beherrscht die Technik, die der Ausnützung des Wassers dient, weiß hingegen nur wenig vom Wesen des Wassers und von den Gesetzen für seinen natürlichen Fortbestand. Das sehen die Forscher im Hinblick auf die Wassersituation der Welt als äußerst kritisch an.

Der Bericht bekräftigt sowohl Viktor Schaubergers Voraussage einer kommenden Wasserkatastrophe als auch seine Behauptung, daß die Wissenschaft viel zu geringe Kenntnis vom Leben des natürlichen Wassers, seinen Gesetzen und der richtigen Behandlung habe. Es scheint höchste Zeit zu sein, Viktor Schaubergers Theorien einer neuen naturgemäßen Wassertechnik ernstzunehmen.

Literatur

Hinweis: Die Angabe »I« bezieht sich auf die deutsche Zeitschrift *Implosion.* Es wird jeweils die Nummer der Zeitschrift genannt, nicht der Jahrgang. Erscheinungsort: 5604 Neviges. »KE« betrifft die deutsche Zeitschrift *Kosmische Evolution.* Herausgeber: Gruppe der Neuen. Erscheinungsort: 2818 Syke.

1) Acta Physika Austriaca. Bd. V, S. 12/24. Wien 1951.
2) W. Balters: Zur Dynamik des gestaltbildenden und gestaltsichernden Vermögens. I 7, S. 7/14.
3) W. Dobreck: Gedanken über eine Großstadt-Wasserversorgung. Das Gas- und Wasserfach, Heft 8, München 1968, S. 201/3.
4) N. Harthun: Wasser – der unbekannte Stoff. KE Nr. 4, 1972, S. 133/4.
5) A. Kokaly: Der goldene Pflug. Verlag Kokaly, Neviges, 1960, S. 3/7.
6) KE Nr. 4, 1972, S. 149.
7) D. Neumann: Wasser – der Stoff mit außergewöhnlichen Eigenschaften. KE Nr. 4, 1972, a) S. 137/46, b) S. 146/7.
8) –: Ordnung oder Unordnung als Naturprinzip. KE Nr. 3, 1972, S. 99/103.
9) H. Pranschke: Die Bildekräfte der Implosion. I 21, S. 8/17.
10) –: Das Lebenswerk von Prof. Dr. Balters. I 46, S. 3/9.
11) V. Schauberger: Die Flußregulierung. I 8, S. 9/10.
12) –: Atomumwandlung statt Atomzertrümmerung. I 11/12. a) S. 14, 37, 41; b) S. 33/5, c) S. 23/4, d) S. 35, e) S. 28/32.
13) –: Ist der sogenannte Lichtzuwachs eine Errungenschaft? I 14, S. 1/9.
14) –: Das Geheimnis des Forellmotors. I 15, S. 4/5.
15) –: Der sterbende Wald. I 20, S. 22/3.
16) –: Verfahren und Einrichtungen organischer Synthese. I 22, S. 16/39.
17) –: Der gewundene Erkenntnisweg. I 27, S. 28/31.
18) –: Falscher Stoffwechsel zerstört die Wassergüte. I 33, S. 23/5.
19) –: Die Herstellung von Edelwasser. I 36, S. 30/2.
20) –: Die Repulsine. I 36, S. 15/6.
21) –: In der Natur schauen und nachmachen. I 41, S. 12
22) –: Ein kleiner Unterschied. I 44, S. 3/4
23) –: Entschleierte Naturgeheimnisse. I 48, a) S. 20/21, b) S. 3/4, 8/10, 20/22; c) S. 10.
24) –: Brief an den Verfasser. 6.6.1956.

25) –: Einbau zur Wildbachverbauung. Österr. Patent Nr. 113 487, Wien 1929.
26) –: Die geniale Bewegungskraft. Verlag Kokaly Neviges, 1960 a) S. 28, b) S. 32/3, c) S. 11/12.)
27) –: Das Rätsel Wasser. Unveröffentlichtes Manuskript.
28) –: Steht die Wissenschaft vor der Umkehr? Das Weltgewissen Nr. 2, Niederrhein 1958, S. 6/7
29) –: Temperatur und Wasserbewegung. Die Wasserwirtschaft, Wien, 1930 und 1931. a) Nr. 20/1930 S. 425/7. b) Nr. 20/1930 S. 427/9. c) Nr. 24/1930 S. 501/2. d) Nr. 35/1930 S. 717/9. e) Nr. 3/1931 S. 44/5. f) Nr. 3/1931 S. 45. g) Nr. 5/1931 S. 76. h) Nr. 9/1931 S. 132. i) Nr. 9/1931 S. 131/6. j) Nr. 10/1931 S. 148/50. k) Nr. 10/1931 S. 150/3.
30) –: Verfahren zur Herstellung von quellähnlichem Trinkwasser. Österr. Patent Nr. 142 032, Wien 1935.
31) –: Wasserführung in Rohren und Gerinnen. Österr. Patent Nr. 134 543, Wien 1933.
32) W. Schauberger: Das biophysikalische Prinzip der Bodenfruchtbarkeit. I 9, a) S. 17, b) S. 17/32.
33) –: Das Tongesetz. KE Nr. 1/2 1972, S. 5.
34) –: Verfahren und Vorrichtungen zur Herstellung von Gemischen. Österr. Patent Nr. 256 991, Wien 1968. I 37, S. 18/32.
35) T. Schwenk: Bewegungsformen des Wassers. Verlag Freies Geistesleben, Stuttgart, 1967, S. 15/28.
36) W. Zimmermann: Viktor Schauberger. Das Weltgewissen Nr. 3, Niederrhein 1958, S. 7.

3

KRISTER WIBERG

Eine Ortschaft mit ökologischem Gleichgewicht

Ausgangslage

In der heutigen Gesellschaft scheint die Technologie ihr eigener Herr zu sein und über ihre Aufgaben selbst zu bestimmen. Die Intelligenz des Menschen ist in dieser Riesenapparatur anscheinend nur ein untergeordneter Bestandteil.
Aber haben wir die Technologie nicht selbst konstruiert? Sollten wir da ihren Mechanismus nicht lenken können?
Vielleicht, aber die Mechanismen haben nun derartige Formen angenommen und sind so vielfältig zusammengesetzt, daß wir den Verlauf nicht mehr beherrschen, ja nicht einmal ahnen, welcher Kurs eingestellt werden soll.
Geht man von dieser Überlegung aus, so kommt es einem sinnlos vor, eine andere Entwicklung der Gesellschaft zu beschreiben. Wir treiben ja doch ohne unser Mitwirken auf verhängnisvolle Weise unvermeidbar einem Zusammenbruch zu, da die menschliche Vernunft einem mechanischen, automatischen Prozeß unterworfen ist. Gewiß, die Technik hat uns ein viel bequemeres Leben beschert, als es unseren Vorfahren vergönnt war. Aber viele Zeichen lassen darauf schließen, daß unsere jetzige technokratische Epoche dem Untergang entgegengeht. Darum ist es außerordentlich wichtig, daß mit dem Aufbau einer neuen Epoche begonnen wird. Mit anderen Worten, es ist wesentlich, die Möglichkeiten für die Zukunft schon heute zu beschreiben. Einem freien, vernünftigen Denken muß Raum gegeben werden, mit der einzigen Absicht, die Menschheit am Leben zu erhalten. Ohne Dramatik müssen wir bei unserem

Neuaufbau ungewohnte und »unmögliche« Wege erproben und unerschrocken unsere schwierigsten Probleme an der Wurzel packen.

Globaler Alltag

Wenn wir aufs Geratewohl den gewöhnlichen globalen Alltag, an dem jeder teilhat, untersuchen, geschieht jeden Tag folgendes:

Die Biosphäre (Luft, Land, Wasser, Organismen) ist ausgesetzt:

100 000 Tonnen Schwefeldioxyd
50 000 Tonnen Kohlendioxyd
200 000 Kilo DDT und PCB
10 000 000 Tonnen festem Abfall von Industrie und Haushaltungen
5 000 Tonnen Rohöl (Ausfluß ins Meer)

Die Wüstengebiete der Erde vergrößern sich täglich um 500 000 000 Quadratmeter, während sich die Waldgebiete um 1 000 000 000 Quadratmeter vermindern. Fast 2 Milliarden Menschen müssen sich mit unzureichender Tagesnahrung begnügen, von denen 10 000 Hungers sterben.

Morgen geschieht das gleiche und übermorgen und überübermorgen . . .

Das ist nichts Neues, und darum regen sich die Gemüter nicht mehr darüber auf. Können wir etwas dafür? Das System steuert sich vielleicht selbst? Wir lassen den Dingen ihren Lauf, es wird schon alles in Ordnung kommen. Die mächtige Natur kann viel aushalten; sie wird auch unsere unsanfte Behandlung ertragen.

Nein, sie erträgt sie nicht. Die Handlungsweise der technologischen Dynastie stört das Gleichgewicht in der Natur. Wir sind schon mehrmals gewarnt worden, und wenn diese gewaltige Macht nach langem, geduldig ertragenem Leiden zurückschlägt, dann werden wir Menschen lächerlich klein und hilflos sein.

Es sei festgestellt:

1. Die Veränderung des Gleichgewichts in der Biosphäre hat Folgen, die nicht vorauszusehen sind. Die Ungewißheit genügt an sich, daß wir uns ein neues Ziel stecken. Das Ziel muß eine Lebensweise sein, bei der die materielle Bequemlichkeit hinter der Frage des Weiterlebens zurücktritt.
2. Parallel mit dem Untergang der technologischen Epoche muß mit dem Entwurf anderer Siedlungsmodelle begonnen werden. Diese Modelle sollen sich im Zusammenspiel von Theorie und Praxis allmählich der Verwirklichung nähern.

Die ökologische Krise – eine Ausgeburt der Phantasie?

Vor den grundsätzlichen Voraussetzungen seien hier drei Fragen gestellt:

1. Wann wird die ökologische Krise eintreten?
2. Wie sieht sie aus?
3. Was können wir dagegen tun?

Die erste Frage ist leicht zu beantworten: Wir befinden uns schon mitten in dem erwarteten Krisenzustand, einem Zustand, desgleichen die Welt noch nie zuvor erlebt hat. Unser Alltag ist bereits ein Teil eines langwährenden, aber ersichtlichen gesellschaftlichen Zusammenbruchs.
Und wie eine ökologische Krise aussieht? Das klingt ja, als könnten wir das Problem wie einen Gegenstand vor uns hinstellen. Das unbehagliche daran ist, daß die einzelnen bekannten ökologischen Mißverhältnisse zusammen derartige Ausmaße haben und so vielfältig zusammengesetzt sind, daß ihr Wechselspiel und die Gesamtfolgen schwer zu unterscheiden sind. Was wir sehen, das ist das Ergebnis eines verwickelten Zusammenspiels zwischen politischen, wirtschaftlichen, sozialen und milieuverändernden Machenschaften der Industrieländer.
Wir fragen uns drittens: Wie sollen wir uns auf eine Krise vorbereiten, wenn wir nicht wissen, wie sie aussieht? Die Antwort ist ebenfalls eine Frage: »Kann das ein Ausgangspunkt sein?« Die Forderung ist anspruchsvoll, denn der Plan ist ein gedank-

liches Experiment im Hinblick darauf, sich auf lange Sicht auf eine Verwirklichung vorzubereiten.
Die folgende Zusammenfassung des Programms und der Umstrukturierung des Städtebaus enthält viel sogenannte »radikal geänderte Technologie«. Man erschrecke nicht über den Ausdruck »radikal«; er bedeutet nur, daß wir uns an den Gedanken eines einfachen Bauens und Planens noch nicht gewöhnt haben.

Voraussetzungen für eine Ortschaft mit ökologischem Gleichgewicht

Globale Planung ist kommunale Planung

Man darf nicht glauben, daß kleinere Planeinheiten im Planungsprozeß geringere Bedeutung hätten, daß unser kleiner Einsatz in der globalen Größe verschwinde. Die Erde setzt sich aus diesen kleinen Teilen zusammen: Höfe, Dörfer, Gemeinden und Städte. Bei der Summe der Aktivitäten hat natürlich jeder einzelne Einsatz seine Bedeutung. Es klingt anspruchsvoll und vielleicht vermessen, daß man von einer Regionalplanung plötzlich in eine Globalplanung versetzt sein soll. Wir müssen uns jedoch an diese Planungsweise gewöhnen, und sie muß einige anwendbare und allgemeingültige Regeln befolgen.

Selbsttragende Einheiten

Wir kennen den Nahrungsbedarf eines jeden Lebewesens. Wir kennen auch den Ertrag des kultivierten Bodens je Hektar, so daß wir bei der Planung berechnen können, wieviel Boden benötigt wird, damit jeder Mensch ausreichend ernährt werden kann. Wenn das Umfeld nicht genügend Ertrag bringt, muß der Nahrungsbedarf aus der weiteren Umgebung oder aus dem Ausland gedeckt werden. Dort muß also ein Überschuß produziert werden, um genügend Nahrungsmittel zu liefern.
Nahrungsmittel sind das Grundprodukt an allen Orten der Welt. Zu jedem Ort gehört eine Umgebung von 0,2 bis 0,4 ha je Individuum, berechnet nach den heutigen Eßgewohnheiten

im Westen. Zur selbsttragenden Produktion kommen noch Veredelung, Verpackung, Verteilung und Lagerung.
In die Planung müssen außerdem Transport, Wassernutzung, Abfallbeseitigung, Forstwirtschaft, lokale Rohwaren, Baumaterial und Werkzeugsherstellung einbezogen werden. All das ist praktisch möglich.
Wir sollten bestrebt sein, daß die selbsttragende Einheit die Versorgung aufrechterhalten kann. Dann sind wir von der Umwelt weniger abhängig und gegen allfällige Blockaden (z. B. Öl-, Rohwaren- und Lebensmittelblockaden) gerüstet.

Wie baut die Natur?
Eine solche Planung scheint in Anbetracht einer von Technik und Bürokratie beherrschten Gesellschaft unzulänglich zu sein. Aber die Harmonie in den entscheidenden Prozessen der Biosphäre hängt (ohne rationelle Erklärung) von der Einplanung folgender Dinge ab:

Nahrungsmittel
Forstwirtschaft – Sauerstoffgleichgewicht
reines Wasser
Abfall
Transport (unter Zuhilfenahme natürlicher Gegebenheiten)
reine Luft
Speicherung des Regenwassers
Selbstbeköstigung
Abfallverwertung
Herstellung von fruchtbarem Humus
Ausnützung der Sonnenenergie
Speicherung der Sonnenenergie
Lärmverminderung
gemäßigtes Klima

Daraus ist zu ersehen, daß wir mit unserer Technologie in einigen Punkten nichts ausrichten können.
Versuchen wir trotzdem, ein Gemeinwesen zu planen und zu bauen, das im Gleichgewicht ist. Hier folgt nun eine kurze Be-

schreibung von drei Organisationsebenen: Haus, Wohnblock, Stadt.

Das Haus

Zur Verminderung des Transports wird für den Hausbau das Material verwendet, das sich an Ort und Stelle findet, z. B. Lehm, Holz, Sand, Gestein, Kalk. Das Baumaterial soll dauerhaft, haltbar, handlich und möglichst wiederverwendbar sein. Beschaffung, Bearbeitung und Veredelung erfolgen ohne Energieverschwendung.

Die Technik wird beim Bau nur zu Hilfe genommen, wenn sie unbedingt erforderlich ist. Maschinen, die Energie verbrauchen, werden sparsam eingesetzt. Material aus spärlichen Quellen wird vermieden.

Der Baukörper wird aus schwerem, Wärme bewahrendem Material errichtet (dicke Stein- oder Ziegelsteinmauern und dergleichen), so daß die Wärme des Tages in der Nacht festgehalten wird. Glasflächen absorbieren die Sonnenwärme in wassergefüllten Leitungen, die das Heizungssystem des Hauses bilden. Die Südfassade des Hauses wird dem Einfallswinkel und der Intensität der Sonnenstrahlen angepaßt.

Die Außenmauern werden gut isoliert; es soll keine Wärme entweichen, und die Nordmauer erhält nur wenige Fensteröffnungen. Auf der Südseite ist ein Gewächshaus, in dem man sauerstoffproduzierende Pflanzen zieht, die biologisch gedüngt und mit nahrhaftem Abwaschwasser begossen werden. Die Durchlüftung erfolgt in den wärmsten Stunden des Tages. Ein solches Haus ist für nördliches Klima gedacht. In wärmeren Gegenden richtet man sich nach den Verhältnissen.

Der Wohnblock

Der Wohnblock (ungefähr 100 × 100 m) wird von 800 bis 1000 Menschen bewohnt. Er besteht aus zwei- bis vierstöckigen Häusern des skizzierten Typs. Im Untergeschoß sind kleinere Werkstätten, Läden, Büros und Wohnungen untergebracht. Die Dachwohnung enthält Heizungs- und Lüftungsanlagen, Gewächshaus und Sonnenterrasse. Die Wärmespeicherung in Wasser- oder Salzbehältern erfolgt im Keller.

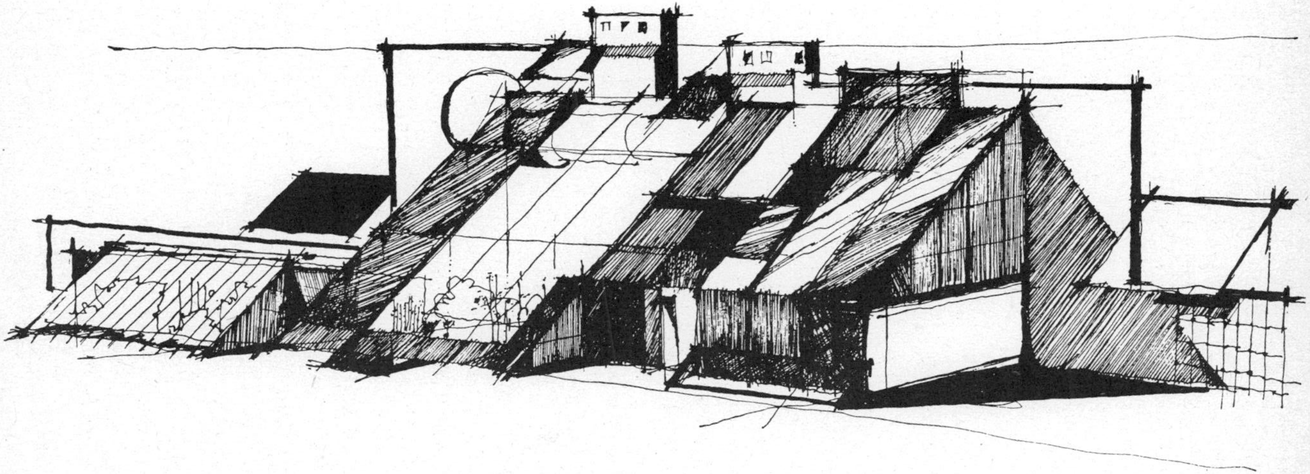

Südfassade des Hauses, das mit sonnenerwärmtem Wasser geheizt wird. Links das Gewächshaus.

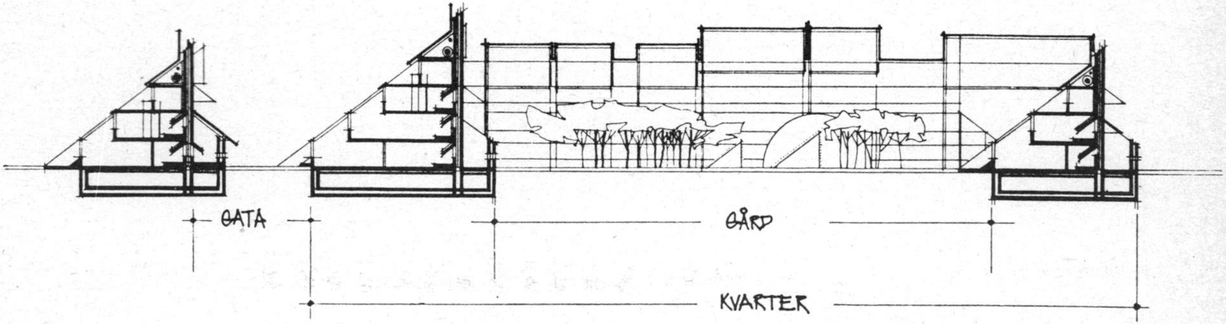

Der Querschnitt von Straße und Siedlung zeigt die nach Süden gerichteten Gebäude. Da das Haus auf der Südseite der Straße niedriger ist, erhält das Haus auf der Nordseite genügend Sonne. Die Häuser enthalten verschiedenerlei Wohnungen und Arbeitsplätze.

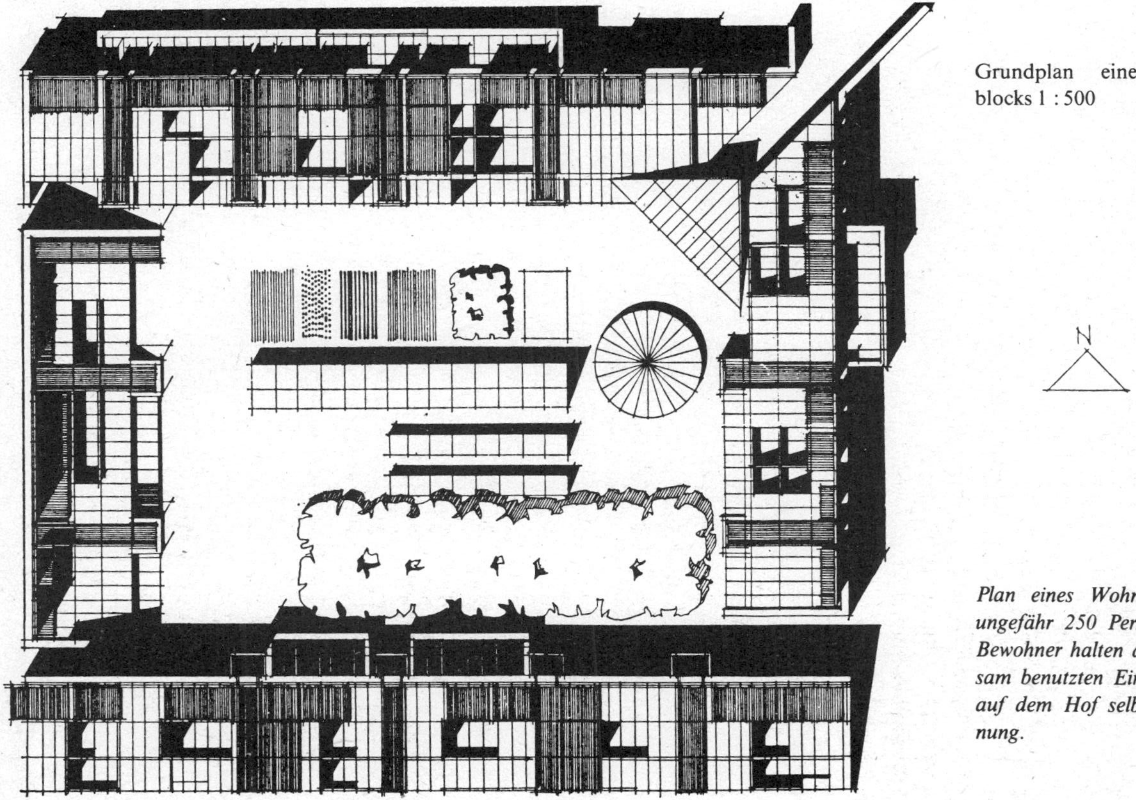

Grundplan eines Wohnblocks 1 : 500

Plan eines Wohnblocks für ungefähr 250 Personen. Die Bewohner halten die gemeinsam benutzten Einrichtungen auf dem Hof selbst in Ordnung.

Die Einwohner organisieren sich gemeinsam in Garten und Hof, wo sich Badegelegenheiten, Waschküchen, Kindergarten, Versammlungs- und Festlokale und ein Gewächshaus für Küchenkräuter befinden.
Im Wohnblock müssen viele notwendige und gemeinsame Aufgaben aufgeteilt werden. Im besonderen sei die Gartenpflege genannt, aber auch Kompost muß gesammelt und verteilt, das Regenwasser gespeichert, die Durchlüftung besorgt werden. Die Häuser müssen unterhalten und die Kinder beaufsichtigt werden.

Die Stadt
Städte sind entstanden, weil der Mensch Kommunikation braucht. Darunter ist mehr als eine mechanische Verbindung zu verstehen – es handelt sich hier um den Urtrieb des Menschen, zu helfen und Hilfe zu erhalten, Waren und Dienstleistungen auszutauschen, sich zu amüsieren, Anschluß zu suchen. In der Stadt finden wir verschiedene Möglichkeiten, unser Zukunftsziel und unser Lebensmodell zu verwirklichen. Früher hat sich die Stadt zu einer solchen zusammenwirkenden urbanen Einheit organisiert, aber heute wächst sie über ihre Grenzen mit einem Stadtbild hinaus, das sich alle vierzehn Jahre verdoppelt, in die Umgebung übergreift, an Integration und Wechselwirkung abnimmt. All das führt zu verschlechterten Kommunikations-Möglichkeiten.
Die Stadt muß ihr Merkmal wiedergewinnen: Nähe, Dichte und Komplexität. Die Stadt darf nicht so sehr wachsen, daß die Bewohner nicht mehr die Möglichkeit haben, die einzelnen Wohnblocks zu Fuß oder mit dem Fahrrad zu erreichen. Sie muß eine Grenze haben, eine »Stadtmauer«. Dahinter breiten sich Landschaft, Grünanlagen, Erholungsgebiete und Anbauflächen aus.

Konsequenz

Unter diesen Voraussetzungen haben wir als Richtwert eine Stadt genommen, die einen Durchmesser von 1,5 Kilometern

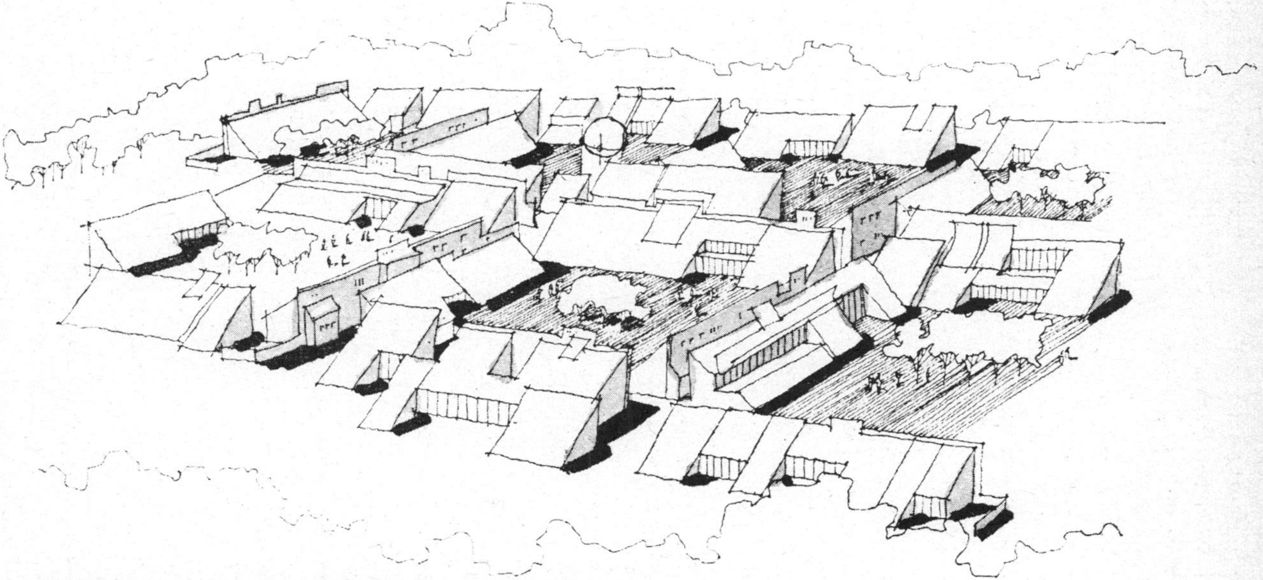

Perspektive eines Stadtteils. Der Stadtbezirk ist dank seiner Umgebung in größtmöglichem Maße selbsttragend. Lebensmittelversorgung, Behandlung von Wasser und Abfall, Beheizung und Gemeindewesen werden von den 800 bis 1200 Einwohnern des Bezirks selbst betrieben.

hat, eine Bevölkerungsdichte von 250 Einwohnern je Hektar und eine Einwohnerschaft von 45 000 Seelen.

Eine solche Wohnplanung mag utopisch und phantastisch erscheinen. Aber Ideen sind nun einmal Phantasien, Träume. Selbstverständlich gleicht ein solches Gemeinwesen nicht der heutigen konkreten Planung, doch das schließt nicht aus, diesen oder einen ähnlichen Vorschlag zu entwickeln.

1. Es ist erwiesen, daß die heutige Planung einer immer ernsteren ökologischen Krise zusteuert. Eine Kursänderung verlangt radikales Umdenken, das auf allen Gebieten zu großen Veränderungen führt.

2. Alles, was der Mensch jemals organisiert und konstruiert hat, ist aus Träumen und Ideen erwachsen. Träumen ist das erste und stärkste Motiv für ein verändertes, besseres Dasein.

Wir haben eine Idee skizziert. Die Durchführung obliegt nicht nur uns, sie ist vor allem auch eine Frage des politischen und ökonomischen Wollens. Sie erfordert die Einsicht, daß eine humane und ökologische Planung notwendig sei, eine Planung, deren Ziel ein Gemeinwesen im Gleichgewicht ist.

Carl-Hugo Olsson schreibt am Schluß seines Buches über ökologisches Bauen *(Byggnadsekologie)*:

> Deutliche Anzeichen weisen darauf hin, daß unsere Industrie und unsere Lebensweise nicht der Zukunft angehören können. Eine gründliche Überprüfung tut not, und es ist mit vielen Veränderungen zu rechnen.
>
> Die Bewohner dieses Erdteils scheinen sich ein neues Lebensziel zu setzen und andere Ideale zu haben. Dem Bedürfnis nach Wohnstätten, Gebäuden und landschaftlicher Umgebung muß auf ganz neue Weise Rechnung getragen werden. Selbstverständlich ist bei der Planung das Ziel zu berücksichtigen. Die zukünftige Wohnplanung muß einer ausgewogeneren Lebensführung Rechnung tragen, bei der die Menschen mit der Natur arbeiten, nicht gegen sie.

Den Architekten kommt die wichtige Rolle zu, beim Planen das ökologische Denken einzuführen. Es gibt einige Berufsgruppen, die die Möglichkeit haben, andere Gesamtpläne auf ökologischer Basis zu errichten. An ihnen ist es, zu beweisen, daß Arbeitsplätze und Wohnstätten im Zusammenklang mit der Natur geschaffen werden können.

Gerade durch eine konkrete Alternative kann allgemeines Verständnis für dieses Bestreben geweckt werden. Wenn die mei-

sten Menschen begreifen, daß die zukünftige Umwälzung keine willkürliche Verschlechterung des Daseins bedeutet, ist es denkbar, daß eine Veränderung von der Mehrheit unterstützt wird.
Darum ist Pessimismus nicht am Platz. In der Tat kann eine Anpassung an die Erfordernisse der Natur eine Reinigung und Lüftung des ganzen Bauwesens bewirken. Die Bauten und Pläne, die nach diesen tieferen Grundsätzen geschaffen werden, können etwas ausdrücken und enthalten, das bisher vernachlässigt worden ist.

Literatur

J. McHale: World Facts and Trends. Colliers Books, 1972.

Dennis H. Meadows u. a.: Grenzen des Wachstums, Deutsche Verlags-Anstalt, Stuttgart, 1972. (Club of Rome: The Limits to Growth, 1972.)

Club of Rome: Menschheit am Wendepunkt. Deutsche Verlags-Anstalt, 1975.

A Blueprint for Survival. The Ecologist, 1972.

4

JERKER ENGBORG

Gesundheit der Erde und der Pflanzen

Durch die Landwirtschaft wird die Existenz des Menschen ermöglicht. Deshalb ist es von Bedeutung, wie die Landwirtschaft betrieben wird, wie die Forschung dazu eingestellt ist usw. Hat sich die einheimische Landwirtschaft zum Beispiel das Hauptziel gesetzt, die denkbar beste Ernährungsgrundlage für die Gesundheit des Menschen zu schaffen? Oder sind es vielleicht andere Motive und Gedanken, die im letzten halben Jahrhundert zu ungeheuren Veränderungen geführt haben?

Landwirtschaft und Kulturentwicklung

Landwirtschaft gibt es, seit der Mensch seßhaft ist. Von Anfang an wurde sie ein integrierender Bestandteil seines Lebens. An der Entwicklung und Ausübung der Landwirtschaft waren religiöse, kulturelle und künstlerische Elemente beteiligt. Lebensmittelherstellung und Kulturform waren eins.

Im Verlauf der Geschichte hat der Mensch durch Veränderung seines Bewußtseins neue Beziehungen zur Natur und der göttlichen Welt gefunden. Dadurch änderte sich auch die Form der Landwirtschaft.

Schon in ältester Zeit wußte der Mensch um das Zusammenspiel von Irdischem und Außerirdischem, das gab ihm die Möglichkeit, die Kunst der Landwirtschaft zu erlernen und zu beherrschen. Das Wort Kunst ist berechtigt, wenn man be-

denkt, daß unsere Kulturgewächse in prähistorischer Zeit durch Umwandlung wilder Pflanzenformen geschaffen wurden. Insofern leben wir von der Kunst vergangener Zeiten.*)
Aber das Bewußtsein des Menschen änderte sich gradweise. Er verlor seine geistige Anschauung und gewann allmählich ein Verhältnis zur äußeren sinnlichen und stofflichen Welt.
Ein großer Sprung in der Entwicklung vollzog sich im vierzehnten und fünfzehnten Jahrhundert. Auch in der Landwirtschaft bahnten neue Impulse den Weg zu anderen Möglichkeiten. Die Sinne richteten sich nach außen zur Natur. Das Bedürfnis, zu entdecken, zu erforschen, zu beherrschen, auszubeuten, äußerte sich auf vielfache Weise. Dieses Zeitalter des erwachenden Bewußtseins führte später zur sogenannten Aufklärung im »Jahrhundert des Verstandes und der Vernunft«. Aber die Erde mit ihrer kosmischen Umgebung war immer noch ein lebender Organismus. Das wurde nicht immer gedanklich ausgedrückt, es war selbstverständlich. Sie lebte in der Überlieferung.
Das siebzehnte Jahrhundert wurde vom Freiheitskampf geprägt. Man wollte alles klar durchschauen, wollte mit alten Vorurteilen aufräumen, vor allem mit dem Aberglauben, der sich eingenistet hatte, nachdem die klarsichtige Weisheit verschwunden war. Man wollte sich von der Tradition befreien. Man wollte die Natur erobern und ihre Bausteine entschleiern – man wollte wissen.

Die Chemie erobert die Landwirtschaft

Die Chemie wurde für die Weiterentwicklung der Landwirtschaft von entscheidender Bedeutung. Als man Mitte des vori-

---

* Hier ist absichtlich die Rede von Umwandlung, nicht von Veredlung, womit man die Erzeugung neuer Sorten durch Kreuzung oder Chromosomenvermehrung bezeichnet. Umwandlung hingegen bezieht sich auf neue Arten. Man vermutet, daß die heute benutzten Kulturgewächse ihren Ursprung hauptsächlich in der persischen Kulturepoche unter Zarathustra haben. Seither ist nichts wesentlich Neues hinzugekommen. Wie das zugegangen sein mag, ist historisch nicht belegt.

gen Jahrhunderts damit begann, sie in der landwirtschaftlichen Forschung anzuwenden, stellte man durch Analysen fest, daß sich nicht alle Pflanzen von dem Humus ernährten, den man mit so großer Mühe gepflegt hatte. Nein, die organischen Bestandteile mußten erst zerlegt und in Mineralsalze umgewandelt werden. Die im Grundwasser aufgelösten Salze sind die Nahrung der Pflanzen.

Man kann sich leicht vorstellen, wie umwälzend sich diese Entdeckung in der damaligen wissenschaftlichen Betrachtungsweise der Landwirtschaft auswirkte, zumal es nach und nach gelang, anscheinend vollentwickelte Pflanzen einfach mit chemischen Mineralsalzlösungen zu kultivieren. Endlich konnte man sich in der Landwirtschaft von den historischen Überlieferungen und Vorstellungen befreien und unabhängig werden von den Bindungen, denen Flora und Fauna unterworfen sind. Die menschliche Intelligenz konnte die Natur beherrschen. Es war nun möglich, die Wachstumsprozesse zu lenken.

Diese Hoffnung wurde in den nächsten hundert Jahren bahnbrechend für die landwirtschaftliche Forschungs- und Entwicklungsarbeit und ist es in weitreichendem Maße immer noch. Unter diesem Aspekt müssen wir die heutige Landwirtschaft betrachten. Es darf also gesagt werden, daß die Anwendung künstlichen Düngers den Anfang einer ganz neuen Epoche in der Geschichte der Landwirtschaft bildet.

Technisches Denken und Goethes Anschauung

Diese neue Epoche beschränkte sich jedoch nicht nur aufs Düngen. Sie ist auch von einer ganz neuen Anschauung und von einer neuen Einstellung zu den Lebenserscheinungen überhaupt gekennzeichnet. Sie geht davon aus, daß es keinen grundlegenden Unterschied gibt zwischen dem Organischen und dem Anorganischen, zwischen innerem Stoffwechsel und äußerer Umwandlung eines lebenden Organismus. Es handelt sich lediglich um mehr oder weniger komplizierte Vorgänge. Diese Vorgänge versucht man durch chemische und physiologische Analysen in den Griff zu bekommen. Man analysiert die

Gewächse, man analysiert das Wasser, man analysiert die Tiere. Die Methoden sind mit den Jahren immer mehr verfeinert worden. Es werden Bausteine und Stoffe mit unbekannten Aufgaben gefunden. Man entdeckt Hormone, Vitamine und andere Stoffe mit steuernden Funktionen. Mit mehr oder weniger geeigneten Mitteln sucht man den ursächlichen Zusammenhang zwischen diesen Einzelheiten. Aus diesen komplizierten Prozessen, die noch immer nicht geklärt sind, isoliert man Erkenntnisse, die ein Eingreifen ermöglichen, das ja das ersehnte Ziel ist. Aber das Ganze wird nie erreicht. Die untersuchten Einzelheiten bleiben aus dem Lebenszusammenhang gerissen.

Ganz gleich, welche Vorkehrungen heute in der Landwirtschaft getroffen werden und wohin sie führen, immer leiten sie sich vom technischen oder analytischen Denken her. Aber die Gesetzmäßigkeiten, an die alles Lebende gebunden ist, sind von ganz anderer Art als die des Chemisch-Physikalischen und lassen sich nicht mit dem technischen Denken erfassen, das die Natur auf so großartige Weise gezähmt hat. Darum haben wir keinen Erfolg, wenn wir mit Erde, Pflanze, Tier und Mensch manipulieren. Alle Eingriffe des Menschen haben unerwartete und oft unerwünschte Nebenwirkungen gehabt. Infolgedessen waren neue Eingriffe notwendig, die ihrerseits andere unvorhergesehene Wirkung hatten. Dadurch sind wir in eine Entwicklungsspirale geraten, aus der wir keinen Ausweg wissen.

Es ist interessant, daß sich der Chemiker Justus von Liebig (1803–1873), der als Begründer der modernen chemischen Landwirtschaft gilt und auf den man sich bei der Anwendung der chemischen Düngung beruft, eigentlich durchaus darüber klar war, daß es ein übergeordnetes Prinzip gibt, das durch biologische Prozesse die von uns »Mechanismen« genannten Lebensäußerungen regelt. Als Werkzeug ist die Chemie den biologischen Steuerungen untergeordnet. In seinen »Chemischen Briefen« (1844) schreibt Liebig:[1])

»In der Form, in der geordneten, gesetzmäßigen Entwicklung erleben wir einen Sinn und eine Idee, aber unsere Sinne nehmen den Baumeister nur in seinem Werk wahr. Wir sehen nicht die Kraft, die bewirkt, daß sich die widerstrebende Materie der vorgeschriebenen Form und Ordnung fügt. Aber unsere Vernunft sieht ein, daß die Idee eine Urquelle und der lebende Organismus eine Ursache hat, welche die chemischen und physikalischen Kräfte beherrscht und zu Formen zusammenfügt, die außerhalb des Organismus niemals entdeckt werden können.« Mit dem Wort »Vernunft« weist Liebig auf die Möglichkeiten weiterer Forschungsarbeit hin, bei der sich der Mensch als Forscher nicht selbst ausschließt.

Schon Johann Wolfgang von Goethe (1749–1832) hatte einen solchen Schritt in der Forschung getan. In seinem naturwissenschaftlichen Werk »Metamorphose der Pflanzen« [2]) zeigt er, wie man durch das Studium der Formen und ihrer Verwandlungen zu einer tieferen, gedanklichen Einsicht in das schöpferische Prinzip gelangen kann. Um diese überkörperlichen Gesetzmäßigkeiten erfassen zu können, müssen wir ganz andere Geistesgaben anwenden als diejenigen, deren es bedarf, die physikalische Wirklichkeit zu begreifen. Goethe nannte dies »anschauende Urteilskraft«. Seiner Meinung nach wurde der Gesamtanschauung der Natur im damaligen Eifer, Einzelheiten zu entdecken, nicht genügend Aufmerksamkeit geschenkt. Erst viel später nahm Rudolf Steiner seine Forschung in dieser ganzen Weite wieder auf.[3])

Mit diesen Ausführungen möchte ich zeigen, inwiefern die derzeitige Lage der Landwirtschaft und der Lebensmittelerzeugung eine Folge der materialistischen Weltanschauung ist, in der wir heute gefangen sind. Das Verhängnisvolle ist nicht die Bindung an eine Weltanschauung, sondern verhängnisvoll ist es, nichts von dieser Bindung zu wissen. So steht es um uns. Wir finden es berechtigt und selbstverständlich, daß die Fragestellungen der Naturwissenschaft vom sinnlich Wahrnehmbaren begrenzt sind. Wir betrachten es sogar als unwissenschaftlich, den ursächlichen Zusammenhang außerhalb des rein physikalischen und chemischen Wirkungsgebietes zu suchen. Darin liegt unser naturwissenschaftliches Dilemma.

Wir wollen nun sehen, welche Folgen diese wissenschaftliche Beschränkung für die Landwirtschaft und damit für Erde, Wasser, Tier, Mensch und die ganze Natur gehabt hat. Daß die Folgen sehr ernst sind, sehen schon viele Menschen ein.

Was ist denn so erschreckend an der Landwirtschaft? Beginnen wir mit dem Kunstdünger. Wird er nur in kleinen Mengen als Ersatz für akuten Mangel beigefügt, so ergeben sich keine Probleme. Auf diese Weise läßt sich Einseitigkeit ausgleichen und sowohl die Qualität verbessern als auch die Quantität erhöhen. Doch als in den zwanziger und dreißiger Jahren damit begonnen wurde, die technische Lösung der Stickstoffbindung aus der Luft industriell auszunützen, wurde die Nachfrage nach billigem Stickstoff und den übrigen Mineraldüngemitteln immer größer. Aber die Mengen, die nun verwendet wurden, dienten nicht mehr als Mangelausgleich. Bald lenkten sie die Wachstumsprozesse in eine bestimmte Richtung.

Stickstoff, Phosphor und Kalium (das Produkt wird als NPK bezeichnet) sind mengenmäßig die wichtigsten Stoffe in der Erde. Aber die Pflanzen brauchen noch andere Elemente, z. B. Magnesium, Mangan, Eisen, Bor, Kalzium, Kupfer, Schwefel, Zink, Silicium. Am meisten wurde jedoch NPK in ziemlich reiner Form benutzt. Man ging davon aus, daß die Erde die übrigen lebensnotwendigen Stoffe selbst liefern könnte. Anfangs ging im allgemeinen auch alles gut; man gewann bessere Anbauflächen, da sich in der Humusschicht abgelagerte Reserven befanden. In normaler Erde kommen nämlich Mineralstoffe für Kulturpflanzen unabsehbar lange Zeit vor. So ist es ja auch in der freien Natur. Es geht nur um die Frage, die Mineralstoffe den Pflanzen zugänglich zu machen. Das geschieht unter anderem durch Mikroorganismen in der Erde, durch Absonderungen der Wurzeln und durch das tätige Leben im Humus. Die freigemachten Nährsalze lagern sich ab und werden an Humuskolloide gebunden, so daß sie entsprechend den Bedürfnissen der Pflanzen zur Verfügung stehen. Ohne Humus und ohne Leben in der Erde sind die Mineralstoffe den Gewächsen nicht zugänglich.

Wenn man nun mit fast reinem NPK den Ertrag steigert, wird vom Vorrat der übrigen Nährsalze mehr gezehrt, als die natürlichen Prozesse hervorbringen. Nach Liebigs Minimumgesetz müßte man dem künstlichen Dünger auch diese Nährsalze zusetzen. Danach gibt nämlich der kleinste Faktor den Ausschlag für die Größe der Ernte. Die Entwicklung hat gezeigt, daß die Liste der notwendigen Stoffe, die hinzugefügt werden müßten, immer länger wurde und immer mehr Mängel eintraten.

Wenn den Pflanzen etwas fehlt, lassen sie es durch gewisse Anzeichen merken, etwa durch Farb- oder Formveränderung der Blätter oder des Stengels. Meistens handelt es sich dabei um Stoffe, die nur in geringer Menge benötigt werden, die aber nicht fehlen dürfen. Man hat dann die Möglichkeit, sie mit Mikronährdünger zu ergänzen. Doch damit gerät man aufs Glatteis. Genaue Erdanalysen sind unabdingbar. Unentbehrliche Spurenelemente wie Kupfer, Bor, Zink usw. können nämlich in der Nahrung giftig wirken, wenn sie in zu großen Mengen verabreicht werden. Die Grenze zwischen Heilmittel und Gift ist oft haarfein. Es ist sehr schwierig, die geeignete Verbindung für die jeweilige Erde zu finden. Durch all diese Manipulationen hat der Mensch in verhältnismäßig kurzer Zeit seit der Anwendung des Kunstdüngers im Mineralstoffgleichgewicht unserer Kulturerde eine starke Veränderung bewirkt.

J. Chr. Tjell und C. G. Lamm haben in der Zeitschrift »Nordisk Medicin« unter dem Titel »Mineralstoffversorgung des Menschen in einer industrialisierten Gesellschaft« geschrieben: »Die essentiellen Mineralstoffe wirken auf die metabolischen Prozesse in lebenden Organismen und darum auch entscheidend auf die Zusammensetzung unserer Nährstoffe in bezug auf Aminosäure, Fettstoffe, Vitamine usw. Deshalb ist es wichtig, Nahrungsmittel herzustellen, welche die Grundstoffe in Mengen enthalten, die weder für den Menschen schädlich sind noch für die Organismen, die sie selbst erzeugen. Mit anderen Worten, das Mengenverhältnis muß in den vom menschlichen Körper tolerierten Grenzen liegen. Das heißt auch, daß das Vorkommen dieser Grundstoffe beispielsweise die Zusammensetzung der Aminosäuren nicht verändern darf. Daß es sich um eine große Veränderung in der Zusammensetzung der Mineralstoffe handelt, haben Untersuchungen dänischer Ernten gezeigt. Bei vielen Proben fand man folgenden Minimal- und Maximalgehalt: 0,90–5,78% Kalium, 0,03–0,50% Natrium, 0,30–1,80% Kalzium, 0,02–0,33% Magnesium,

0,19–0,59 % Phosphor, 24–27 ppm Zink, 2,3–21,1 ppm Kupfer, 12–185 ppm Mangan, 0,9–4,0 ppm Molybdän, 0,09–0,19 ppm Kobalt.«

Beim Verhältnis zwischen Kalium und Natrium kann man im Lauf der Zeit eine starke Verschiebung durch allzu reichliche Kalidüngung feststellen. Das Verhältnis zwischen Kalium und Natrium nach den dänischen Untersuchungen sieht folgendermaßen aus:

	1927	1952	1960
Getreide	3,5	3,5	15,7
Stroh	2,7	3,4	22,9
Klee	1,4	3,0	82,8

Die Verdrängung des Natriums zugunsten des Kaliums hat keine sichtbaren Wachstumsstörungen hervorgerufen; demnach scheint Natrium fürs Wachstum nicht notwendig zu sein. Aber es ist notwendig für Tier und Mensch. Eine Pflanze, die ganz frisch aussieht, kann also als Nahrungsmittel mangelhaft sein. Kobaltmangel ist zum Beispiel die Ursache schwachen Wachstums bei Rindern. Selen ist ein Vitamin E regelndes Element, das verhältnismäßig selten beachtet wird. Selenmangel führt bei Rindern und Schweinen zu Muskelverfall. Wenn Selen in zu großen Mengen vorkommt (die Grenze ist eng gezogen), wirkt es giftig. Magnesiummangel im Blut hängt mit Magnesiummangel in der Nahrung zusammen und führt zu oft tödlich endender Gliederstarre (Tetanie). Magnesiummangel ist den Gewächsen anzusehen.

Das sind nur einige Beispiele. Immerhin beweisen sie den Zusammenhang zwischen Gleichgewichtsstörungen und Gesundheitsstörungen bei Tier und Mensch. Sie beweisen auch, daß man mit solchen landwirtschaftlichen Methoden sich von dem Ziel entfernt, vollwertige Nahrungsmittel zu erzeugen. Die Güte eines Nahrungsmittels beruht ja weitaus mehr auf einem harmonischen Verhältnis zwischen ungleichen Stoffen als auf seinem absoluten Gehalt. Tjell und Hamm betonen am Schluß ihrer Abhandlung, es sei ihre Absicht gewesen, »die möglichen Ursachen sogenannter Zivilisationskrankheiten zu zeigen. Es scheint, daß die veränderte Zufuhr von Grundelementen als ernste Frage zu betrachten ist. Man darf nicht vergessen, daß die Pflanzen- und Tierproduktion der Landwirtschaft nach ökonomisch einträglichen Richtlinien angelegt ist, ohne Rücksicht auf den Nährwert, wenn das Produkt im übrigen ein zufriedenstellendes Aussehen hat und damit verkäuflich ist«.

Ernährungs- und Fütterungsversuche

Die Zusammensetzung der Mineralstoffe ist nur ein Qualitätsmerkmal. Der Stickstoff, der in Nitratform aufgenommen wird, soll in der Pflanze in Eiweiß umgesetzt werden. Dazu ist Energie in Form von Zucker notwendig, und die Zuckerbildung erfordert Licht. Das geschieht nun mit Hilfe des Chlorophylls (Blattgrün) in der sogenannten Fotosynthese. Wenn die Nitrataufnahme im Verhältnis zur Lichtaufnahme zu groß ist, entsteht nicht genügend Zuckerenergie für die Eiweißbildung. Infolgedessen wird das Eiweiß minderwertig, nicht voll aufgebaut, und es entwickelt sich kein Aromastoff. Nitrate, Amide und andere Nebenprodukte, die im Pflanzengewebe vorkommen, verlieren an Nährwert und machen ihn manchmal sogar negativ. Das geschieht heutzutage: Man liest in den Zeitungen oft von Nitratvergiftungen. Besonders gefährdet ist der Spinat. Er wird stark mit Stickstoff gedüngt. Zu der Gleichgewichtsstörung zwischen den Mineralstoffen kommt noch die Gleichgewichtsstörung zwischen Stickstoff und Licht.
Um sich ein Gesamtbild vom inneren (biologischen) Nährwert eines Lebensmittels zu machen, muß ein Versuch durchgeführt werden. Eigentlich kann nur der konsumierende Organismus entscheiden, ob die Kost angemessen ist. Es hat sich erwiesen, daß besonders die Fruchtbarkeit auf Veränderung im Gewächsmilieu stark reagiert.
Derartige Untersuchungen haben Professor E. Aehnelt und Professor J. Hahn an der tierärztlichen Klinik der Hochschule Hannover vorgenommen. [4]) Bei den Stieren, denen Produkte

eines landwirtschaftlichen Betriebes, in dem vorwiegend künstlich gedüngt wurde, verfüttert wurden, stellten sie hochgradige Funktionsstörungen der Hoden fest. Es wurden auch Vergleiche angestellt. Erfahrene Fachleute analysierten die Erde eines Betriebes, wo jahrelang künstlicher Dünger verwendet worden war, und eines anderen, wo man nur mit Kompost gedüngt hatte.

Die Konsistenz der Hodengewebe und die Spermaqualität waren bei dem Betrieb mit Kompostdüngung weitaus besser. Auch der jährliche Rückgang des Tierbestandes infolge mangelnder Fruchtbarkeit war bei künstlicher Düngung wesentlich größer, schreiben Aehnelt und Hahn.

Umfassende Versuche mit Kaninchen zeitigten ein entsprechendes Ergebnis. Das Futter von einem bio-dynamischen Bauernhof erwies sich für die Fruchtbarkeit viel günstiger als künstlich gedüngte Pflanzen.

Das stimmt mit den praktischen Erfahrungen der bio-dynamischen landwirtschaftlichen Betriebe auf der ganzen Welt überein. Überall hat man höhere Trächtigkeit und besseren Gesundheitszustand festgestellt als bei den Tieren, denen künstlich gedüngte Gewächse verfüttert wurden.

Der Präsident der deutschen Gesellschaft für Qualitätsforschung, Professor Werner Schuphan, berichtet von ähnlichen Vergleichen zwischen verschiedenen Düngungsmethoden. [5]) Er stellt fest, daß mit organischem Dung (Stallmist) zwar ein geringerer Ertrag erzielt wird, dafür aber eine Ernte von eindeutig höherem biologischem Wert, das heißt mit höherem Gehalt an wertvollen Stoffen, und zwar zwölf Jahre lang. Andere Untersuchungen mit denselben Ergebnissen wurden mit verschiedenartig ernährten Kindern vorgenommen.

Finanzielle Interessen beschleunigen die Entwicklung

Der Kunstdünger störte das Gleichgewicht schon, bevor die chemische Industrie die Landwirtschaft als interessantes Absatzgebiet für ihre Produkte entdeckte. Das Interesse an Umsatz und Verdienst rief eine einseitige Werbung hervor, die nur die kurzsichtig betrachteten gesteigerten Ernte-Erträge betonte. Man muß die Rolle der Hochfinanz kennen, um die Forscher nicht der Einsichtslosigkeit und Kurzsichtigkeit zu bezichtigen. Die landwirtschaftliche Forschung hat nämlich zu einem großen Teil industrielle Auftraggeber und wird unter bestimmten Voraussetzungen betrieben. Die Problematik betrifft unbedingt die Gesundheit des Menschen.

Gleichzeitig mit der Einführung neuer Düngungs- und Kultivierungsmethoden breiteten sich schädliche Insekten und Parasiten, besonders in morastigen Gegenden, so sehr aus, daß sie zu einer Belastung wurden und den Ernte-Ertrag gefährdeten. Die Abwehrversuche, die nun einsetzten, hielten sich ganz auf der Linie des oben geschilderten analytischen Denkens. Die Erde samt ihrem natürlichen Reichtum wurde nicht mehr als lebender Organismus betrachtet, der in göttlicher Harmonie oder in einer Weltordnung ruht. Die Natur und die Lebewesen haben sich im »Kampf ums Dasein« gebildet. Darwins Abstammungslehre, die zur selben Zeit wie die Kunstdüngertheorie entwickelt wurde, blieb ein Glaubensartikel. Die Naturwissenschaft verkündete, sie habe nun erkannt, daß das Leben nichts Geheimnisvolles sei, sondern sein Entstehen lediglich spontanen physikalischen und chemischen Prozessen zu verdanken habe.

Es war selbstverständlich, die Schädlinge zu bekämpfen. Die »Angreifer« sollten mit verschiedenen Giften bekämpft und vollständig ausgerottet werden. Man kam gar nicht auf den Gedanken, daß auch die Angreifer dem Haushalt der Natur angehörten und ganz bestimmte Aufgaben hatten, daß sie nur durch Wiederherstellung des Gleichgewichts und der Harmonie, die ursprünglich das Wesen der Natur ausmachten, gemeistert werden könnten. Man wollte eine übergeordnete Vernunft nicht anerkennen. Auch heute denkt man noch so. Aber man hat erkannt, daß zwischen allen Organismen ein merkwürdiges Abhängigkeitsverhältnis besteht. Man nennt es das ökologische System. Der Begriff des ökologischen Gleichgewichts ist erst vor wenigen Jahren geprägt worden. Es fehlt jedoch am konsequenten Handeln, nicht zuletzt in der Landwirtschaft.

Wir werden überfüttert mit Informationen über die Schäden, die die verwendeten Pflanzenschutzmittel (z. B. DDT) anrichten, teils im ökologischen System, teils an Mensch und Tier durch die Giftreste in der Nahrung.
Es ist gar nicht nötig, über die Giftreste in den Nahrungsmitteln zu diskutieren. Es ist klar, daß sie die Qualität nicht erhöhen, daß sie ausgemerzt werden müssen. Aber für die landwirtschaftlichen Methoden legen die Gifte ein schlechtes Zeugnis ab. Wir haben mit unseren Vorkehrungen eine Lage geschaffen, in der sich die Pflanzen nicht zu voller Reife entwickeln können, ohne von chemischen Schutzmitteln unterstützt zu werden. Infolge des mangelnden physiologischen Gleichgewichts ist ihre Konstitution geschwächt worden.
Es ist eine ernste Frage, ob solche Pflanzen einen positiven biologischen Nährwert haben. Die Forschung steht vor der wichtigen Aufgabe, den Zusammenhang zwischen Nahrungsqualität und Krankheitsanfälligkeit zu ergründen. Vieles deutet nämlich auf einen solchen Zusammenhang hin.

Finanzielle Interessen bewirken Drogensucht des Bodens

Solange es erlaubt ist, Pflanzenschutzmittel zu gebrauchen, wird sich die Qualität durch diese kurzsichtigen landwirtschaftlichen Methoden weiter verschlechtern. Kunstdünger bedingt Nachfrage nach Pflanzenschutzmitteln, und Pflanzenschutzmittel erfordern die weitere Anwendung künstlichen Düngers. Sie sind ein Geschwisterpaar. Diese Erkenntnis hat zur sogenannten »grünen Revolution« geführt. Die Gifte mitsamt dem synthetischen Stickstoffdünger lähmen das Leben im Boden und dessen Umsetzungsprozesse. Sie machen es der Erde zum Beispiel unmöglich, den Stickstoff aus der Luft selbst zu binden. Die Eigenfunktionen des Bodens hören auf. Er hängt mehr und mehr von der Zuführung von außen ab. Kunstdünger- und Giftstoffindustrie haben einen schlauen Schachzug ausgeheckt: »Es ist ihnen gelungen, die Landwirtschaft von den Präparaten abhängig zu machen, die sich gut verkaufen – von Drogen, die zur Sucht führen. Der Boden ist der Narkomanie verfallen.

Die leichte Anwendung des bisher billigen künstlichen Düngers hat noch weitere Folgen gehabt. Dadurch ist das Unkrautproblem entstanden, dem man mit Herbiziden (pflanzentötenden Mitteln) zu Leibe geht. Die Gefährlichkeit der Herbizide für Mensch und Tier hat im Brennpunkt der Diskussion gestanden und ist in Zeitschriften und einschlägiger Literatur sattsam zur Sprache gekommen. Vielen ist aber vielleicht nicht bekannt, daß sich die Herbizide auf die Organismen des Bodens hemmend auswirken und ebenfalls das Gleichgewicht der Natur stören. Die meisten dieser Organismen sind nützlich oder notwendig für die Pflanzenproduktion. Besonders betroffen sind die stickstoffbindenden Organismen. [6])

Unkraut hat viele nützliche Funktionen, die durch Anwendung von pflanzentötenden Mitteln zunichte gemacht werden, wenn man, wie es der Fall ist, Totalbekämpfung erstrebt. Das meiste Unkraut wurzelt tief und ist infolge seiner Robustheit besser als Kulturpflanzen imstande, schwerzugängliche Mineralstoffe aufzunehmen. Im Haushalt der Natur hat es ebenfalls die Funktion, das Gleichgewicht zu wahren. Oft ist es nämlich reich an den Mineralstoffen, an denen es dort, wo es wächst, gerade fehlt. Viele Arten vermögen zudem die Struktur zu verbessern und die in ihrer Nähe wachsenden Kulturpflanzen positiv zu beeinflussen (z. B. Stiefmütterchen den Roggen). Wenn es gelingt, alles Unkraut vollständig auszurotten, schafft man die wirkliche Monokultur, und damit hat man sich das eigene Grab geschaufelt. Dann geht auch der Fingerzeig auf den Zustand des Bodens verloren, den das Vorkommen des Unkrauts oft gibt.

Damit ist natürlich nicht gemeint, daß man das Unkraut ungehindert wuchern und mit den Kulturpflanzen um die Wette wachsen lassen soll. Das geht nicht. Aber die mechanische Bearbeitung in einer geordneten Fruchtfolge, bei der das Unkraut im Dreschvorgang ausgesiebt wird, ist eine normale, durchaus ausreichende Maßnahme, das Unkraut in dem Rahmen zu halten, in dem es sich positiv auswirken kann.

Die angeführten Beispiele zeigen einige der schwachen und

negativen Seiten, zu denen die industrialisierte Landwirtschaft führt. Als Lebensmittelverbraucher sind wir alle diesen negativen Wirkungen ausgesetzt.

Globale und soziale Folgen

Die Praxis des künstlichen Düngens wird damit begründet, daß sie notwendig sei, um Nahrung für die hungernden Völker zu beschaffen. Die hungerleidenden Länder haben gewöhnlich zuwenig Wasser, und der Wasserverbrauch wird durch Anwendung künstlichen Düngers gesteigert. Außerdem ist dort die Humusschicht fast immer tief in der Erde. Erhöhung des Humusbestandes mit biologischen Mitteln wäre daher die richtige Maßnahme in diesen Ländern, denn sie ist erstens billiger, zweitens erzielt man auf diese Weise wahre Fruchtbarkeit, drittens erfordert sie minimalen Pflanzenschutz, viertens wird der Wasserhaushalt verbessert, fünftens spart man Rohstoffe.

Die Begründung, künstliche Düngung sei notwendig für vermehrte Nahrungsmittelproduktion, steht überdies in einem merkwürdigen Verhältnis zur Brachlegung großer Anbaugebiete in Europa, die ihrerseits mit Überproduktion begründet wird. Heute weiß jeder, daß es, global gesehen, keine Überproduktion gibt, im Gegenteil. Aber im Westen haben wir einen Überschuß an Getreide, das als Futtermittel zwecks Fleischproduktion verwendet wird und somit vom Versorgungsstandpunkt aus einem unmoralischen Luxusverbrauch dient. Der Viehzucht wird ein viel größeres Gewicht beigemessen als dem Ertrag von Vegetabilien. (Ich möchte keineswegs einer Landwirtschaft ohne Viehzucht das Wort reden. Im Gegenteil, Tierhaltung ist einer der Grundpfeiler biodynamischer Landwirtschaft. Aber ich empöre mich dagegen, daß große Getreidemengen durch den Tiermagen gehen, statt zwecks besserer Ernährungsökonomie direkt für den Konsum des Menschen verwendet zu werden.)

Um die Fleischproduktion einträglicher zu machen, hat man sie vielerorts auf große Einheiten in Gebieten konzentriert, die

sich für Getreideproduktion besser eignen würden. Das Futter gedeiht auf Getreidefeldern. Proteinreiches Futter (Ölkuchen und Fischmehl) stammt aus unterentwickelten Ländern, die an Nahrungsmangel leiden, aber die reichen Länder zwecks Fleischproduktion beliefern, die nur über minimalen Stallungsraum verfügen und konzentriertes Futter brauchen, das vom arteigenen Futter der Tiere stark abweicht. Die selbstverständlich ausbrechenden Krankheiten werden mit Antibiotika in der Nahrung bekämpft. Dem Fleisch fehlt es an Geschmack, und dem begegnet man, indem man beim Schlachten zum Beispiel künstlichen Hühnergeschmack zusetzt. Diese Einrichtung ist sozusagen eine Tierfabrik.
Von den großen Einheiten kann kein Dung gewonnen werden. Der Mist bildet ein sanitäres Problem. Futterkonzentrate, Antibiotika und andere Medikamente sind Produkte der chemischen Industrie, die der Bauer bezahlen muß. Die moralische Seite unseres Verhältnisses zur Tierwelt, das in diesen Tierfabriken zum Ausdruck kommt, soll hier nicht behandelt werden. Die Fachbezeichnungen »Fleisch- und Milchproduktion«, die die einstige »Haustierpflege« ersetzt haben, besagen genug.
Um alle diese landwirtschaftlichen Produktionsmittel hervorzubringen, bedarf es einer großen Energiemenge. Eine Tonne Stickstoff erfordert zum Beispiel fünf Tonnen Kohle. Oft kommt die Energie teurer zu stehen als der Betrag, den die Ernte einbringt. Darum ist unsere Landwirtschaft nicht immer so ökonomisch, wie es heißt. Energie war früher billig, aber jetzt ist das Öl teuer, und bald ist damit Schluß. Auch Phosphor und Schwefel kommen nur in begrenzten Schichten vor. Was soll geschehen, wenn der Vorrat aufgebraucht ist und man keine selbstfunktionierende Landwirtschaft aufgebaut hat?
Auch in sozialer Hinsicht hat die Landwirtschaft einschneidende Veränderungen gebracht. Das Bedürfnis nach billigen Nahrungsmitteln hat zu starker Mechanisierung geführt. Die manuellen Arbeitskräfte sind zur Industrie übergelaufen, die mehr bezahlen kann und wegen ihrer Ausdehnung mehr Dienstleistungen braucht. Die Mechanisierung erfordert größere Maschinen. Kleine Höfe sind unrentabel geworden, weil

die großen teuren Maschinen größere Bodenflächen erfordern. Schwere Traktoren sind der Bodenstruktur schädlich. Die Mechanisierung kostet den Landwirt Geld, das vor allem der Industrie zugute kommt. Sie verlangt gesteigerte Produktion, die Erde und Tiere belastet. Noch mehr Kunstdünger, noch mehr Pflanzenschutzmittel, noch mehr Herbizide. Da die Möglichkeiten des landwirtschaftlichen Marktes von Einfuhr und Ausfuhr abhängen, ist die Frage, was der Bauer produzieren soll, allmählich eine gesellschaftspolitische Angelegenheit geworden. Er ist der Spielball zufälliger Veränderungen und kann nur selten seinen Betrieb nach eigenem Ermessen führen. Um mit den konjunkturbedingten Strömungen Schritt halten zu können, sind Neuinvestierungen notwendig. Der Bauer ist ein einsamer Maschinenpfleger geworden, mit großen Schulden und wenig Einfluß auf sein eigenes Arbeitsgebiet und dessen zukünftige Möglichkeiten.
Diese Aspekte sind so ausführlich behandelt worden, damit es klar wird, daß sich die Entwicklung in letzter Zeit nicht durch eine verantwortungslose Forschung ergeben hat. Sie ist durch ökonomische Kräfte herbeigeführt worden, die stärker sind als die Vernunft.

Biodynamische Landwirtschaft

Gibt es eine andere Möglichkeit? Etwas Wirkungsvolles und Erprobtes? Die Antwort ist ein deutliches Ja. Die Alternative wurde schon 1924 gefunden, als Rudolf Steiner auf Ersuchen einiger Landwirte Vorträge über die sogenannte biodynamische Landwirtschaft hielt. [11]) In diesem Vortragszyklus sind die Richtlinien für eine Landwirtschaft gezogen, die die Zusammenhänge zwischen Weltall, Erde und Mensch sieht. Sie beruht weder auf Instinkt noch auf Überlieferung oder auf kurzsichtigen Konjunkturberechnungen, sondern auf der Erkenntnis des Gesamten und aller Zusammenhänge und sie ist selbstversorgend.
War unsere Landwirtschaft schon damals so entartet, daß sie einer Reform bedurfte? Im Vergleich mit der heutigen Zeit

müssen doch die damaligen Verhältnisse der Bodenkultur als beinahe ideal angesehen werden. Die Betriebsausgaben standen im Gleichgewicht mit den durchdachten Erntefolgen. Auf den Bauernhöfen lebten Menschen und Tiere, die Mechanisierung hatte die Bodenstruktur noch nicht heimgesucht. Aber die Kunstdüngerindustrie, die während des Ersten Weltkriegs entstanden war, suchte einen Markt. Viehzucht wurde da und dort vernachlässigt, und nachdenkliche Menschen konnten bereits die Umrisse der zukünftigen Landwirtschaft erkennen. Gegen Ende seines Lebens hielt Rudolf Steiner diese Vorträge in Koberwitz (Deutschland) vor ungefähr sechzig Landwirten, die ihn angesichts der befürchteten Entwicklung um Hilfe gebeten hatten. Er hatte schon vorher aufgrund seiner ungewöhnlichen und tiefschürfenden Erkenntnisse von Mensch und Tier auf verschiedenen Gebieten Anweisungen und Anregungen gegeben: Pädagogik, Heilpädagogik, Medizin, Pharmakologie, Ökonomie, soziale Fragen, Kunst, Architektur. Die Geisteswissenschaft, die aus der von Rudolf Steiner begründeten Theosophie hervorgegangen ist, heißt Anthroposophie.

Gesamtanschauung von Erde und Pflanzen

Im Mittelpunkt der von Rudolf Steiner vorgeschlagenen Erneuerung der Landwirtschaft steht der Mensch. Es geht darum, durch besondere Maßnahmen die Güte der Nahrungsmittel zu erhöhen. Um dazu imstande zu sein, müssen wir bestimmte Kenntnisse erwerben. Es genügt nicht, die Gewächse als gesondertes Phänomen zu betrachten, das durch Wurzeln Salze und durch Blätter Kohlensäure aufnimmt. Sie hängen viel inniger zusammen mit der Erde, in der sie wachsen, und mit dem Kosmos, in dem sie eingebettet sind. Wie es falsch ist, die Nord-Süd-Richtung einer Magnetnadel von dieser selbst aus zu erklären, so ist auch die Annahme falsch, daß das Geheimnis der Pflanze in ihr selbst liegt. Das Wachstum beruht auf zahlreichen Faktoren, die nicht nur in der Erde, sondern auch in der kosmischen Umgebung zu suchen sind.
Steiner beschreibt die Erde als einen allumfassenden Organis-

mus, bei dem die Humusschicht ein Organ bildet, das lenkende Impulse empfängt und dem Erdorganismus zurückgibt. Das Humusorgan besteht aus Myriaden selbständiger Lebewesen, die alle ihre individuellen Erbanlagen haben. Aber alle zusammen, Bakterien, Pilze, Gewächse und Insekten, sind in ihrer Wirksamkeit auf ein gemeinsames Ziel ausgerichtet: einen Humusboden zu schaffen, der die Funktion hat, durch die Pflanzen dem höheren Leben auf der Erde Existenzmöglichkeiten zu bieten. Die Pflanzen sind in gewisser Weise das Sinnesorgan der Erde. Sie sind Vermittler zwischen irdischen und kosmischen Kräften und Stoffen. Sie nehmen das Licht auf, das mit Hilfe anorganischer Stoffe zu all den wundersamen Nährstoffen verdichtet wird, die die Grundlage unseres Daseins bilden. Diese anorganischen Stoffe werden von den Pflanzen entliehen und kehren in längerem oder kürzerem Kreislauf zu Erde, Luft und Wasser zurück. So gut wie alle Stoffe, die wir mit der Nahrung aufgenommen haben, werden ja wieder ausgeschieden, wenn auch manche längere Zeit im Körper gespeichert werden. Was wir alsFunktionen und Willensäußerungen anwenden, das ist die umgewandelte Sonnenenergie. Der Zusammenhang zwischen dem Kreislauf und den verschiedenen Teilen ist durch die ökologische Forschung erkannt worden. Aber das Ökosystem der Naturwissenschaftler ist die Organisation. Rudolf Steiner beschreibt einen Organismus. Das ist der Unterschied: Ein Organismus wird von der Vernunft gelenkt.

Nach Rudolf Steiners Ansicht ist das Zusammenspiel zwischen kosmischen und irdischen Kräften, das sich im Naturprozeß vollzieht, durch die modernen landwirtschaftlichen Methoden sehr geschwächt worden und wird immer mehr geschwächt. Da die Gestaltbildung der Pflanzen laut Steiner nicht nur von der Sonne abhängt, sondern auch zu einem großen Teil vom kosmischen Außenraum, ist es insbesondere für die Güte und die innere Struktur der Gewächse wichtig, daß die Natur wieder in Zusammenklang mit den schaffenden und formenden kosmischen Kräften gebracht wird. Wir müssen, sagt Steiner, neue Erkenntnisse gewinnen, um diesen Zusammenhang in der Natur verstehen zu können. Der Menschheit bleibe keine andere Wahl. Entweder wenden wir die neue Lehre vom Verständnis für den Zusammenhang zwischen der Welt und dem ganzen Weltall auf die verschiedenen Gebiete an, oder wir lassen die Natur wie auch die Menschheit entarten und aussterben. Wie es in alter Zeit notwendig war, die Zusammenfügung der Natur zu erkennen, müssen wir sie heute wiederentdecken.

Steiner gebraucht den Ausdruck »Erkenntnisweg«. Und er begeht ihn. Er spricht von diesen Dingen nicht mit allgemeinen, diffusen Worten, sondern beschreibt konkret, unter welchen Voraussetzungen sich diese Kräfte im irdischen Bereich auswirken können.

Zu diesem Zweck gibt er für die praktische Landwirtschaft Anweisungen zur Herstellung eines Pflanzenheilmittels, das über Dung oder Kompost dem Boden zugeführt wird, wo es lenkend und regelnd auf die Stoffbildung der Gewächse wirkt, indem sie den kosmischen Einwirkungen erschlossen werden. Das Mittel wird aus bekannten Pflanzen mit spezifischen Eigenschaften (Schafgarbe, Kamille, Brennessel, Eichenrinde, Baldrian, Löwenzahn) hergestellt. Da es sich um sehr kleine Mengen handelt, ist es klar, daß die Kraftwirkungen rein dynamisch sind und grundsätzlich. Es wurde gesagt, ein Organismus werde von der Vernunft gelenkt. Das Pflanzenheilmittel verstärkt die Vernunft des Organismus.

Da der Begriff der »neuen Erkenntnis« teilweise schwer zugänglich ist, können wir uns nicht auf andere Begriffsbilder stützen. Hier soll keine ausführliche Beschreibung der biologisch-dynamischen Kultivierungsmethode gegeben werden, sondern nur an einem Beispiel erklärt werden, wie Rudolf Steiner uns geholfen hat, unsere Erkenntisse auf dem begrenzten Gesichtsfeld von den Lebensbedingungen der Pflanzen zu erweitern.

Düngung regt das Leben an

Die wichtigste Aufgabe der Düngung besteht darin, das Leben in der Erde zu verstärken. Nahrungszufuhr ist Bildekraft. Bei der Düngung mit Stallmist und Pflanzenkompost handelt es

sich darum, daß die Stoffe, die den biologischen Kreislauf durchwandern und vervollständigen, durch Mikroorganismen, Larven usw. aus Mineralskeletten und unterirdischen pflanzlischen Überresten freigesetzt werden. Die organischen Stoffe sind auch Nahrung für das Mikroleben. Ein dritter Aspekt ist der, daß dieses Material in einem anderen Teil des Kreislaufs einmal ein lebendes Gewächs gebildet hat.
Liebig spricht von der Kraft, die das widerspenstige Material in die vorgeschriebenen Formen bringt. Das ist nicht nur eine poetische Beschreibung. Laut Rudolf Steiner muß der Landwirt die Realität berücksichtigen. Er nennt sie die ätherischen Bildekräfte. (In Kapitel 8 wird ausführlicher vom Wesen dieser Bildekräfte gesprochen und wie man sie auf verschiedene Weise erkennen und messen kann.) Wird nun der Erde Kompost aus Material hinzugefügt, das im biologischen Kreislauf derartig gebildet worden ist, so wird der lebendige Kraftkomplex des Humus durch Luft und Licht verstärkt. Wenn die Pflanzen nur mit wasserlöslichen Mineralstoffen gedüngt werden, erhalten diese bildenden, organisierenden Kräfte keine Unterstützung. Das ist Raubbau an der Erde.
Um die Wirkung des Düngers zu verstärken, wendet man in der biologisch-dynamischen Praxis auch zwei Sprühpräparate an. Das eine wird aus Kuhmist hergestellt und beim Düngen und Säen auf den nackten Boden gespritzt; es regt das Leben in der Erde an, was sich im vegetativen Wachstum ausdrückt. Insbesondere werden Wurzelbildung und Wachstumsrichtung angeregt. Das zweite besteht aus feingemahlenem Quarz (Kiesel) und wird in bestimmten Entwicklungsphasen auf das grüne Gewächs gespritzt. Es wirkt auf das Lichtaufnahmevermögen der Pflanze, läßt sie dem Licht entgegenstreben und verbessert damit ihre Qualität. Der Verbraucher merkt es besonders am erhöhten Aroma. Der Ernteertrag wird gesteigert, was statistisch erwiesen ist.
Die Frage ist nun, wie sich Qualität und hoher Nährwert an der Form erkennen lassen. Organisation ist innere Form. Qualitätsuntersuchungen mit modernen Methoden, die diese Bildekräfte registrieren, haben die gleichen Ergebnisse erzielt wie frühere Verfahren der Qualitätsprüfung. Gute Bildekraft ist

gleichbedeutend wie hohe Qualität. Aus Erfahrung weiß man, wie wichtig das Licht für die Funktionen der Pflanzen ist. Ein bestimmtes Minimum an Licht ist notwendig, aber mehr Licht schafft stärkeres Aroma und vermehrte Trockensubstanz. In einem sonnenarmen Sommer haben Früchte und Gemüse weniger Geschmack. Hoch oben im Polarkreis, wo der Sommer die meisten sonnigen Stunden hat, haben die Feldfrüchte, die dort angebaut werden können, mehr Aroma als an anderen Orten. Lichtaufnahme und Form gehören zusammen[18]) und können beide durch biologisch-dynamische Maßnahmen (Kompost und Präparate) geregelt werden. Der Forschung bleibt es nur noch überlassen, aufgrund von Ernährungsuntersuchungen festzustellen, in welchem Maße diese Bildekräfte eine Vorstellung vom gesamten biologischen Nahrungswert der Pflanze geben.

Anbauversuche über Zusammenhänge zwischen Mondstellung und Kulturpflanzen

Als Sinnesorgane des Erdorganismus stehen die Pflanzen in einem besonderen konkreten Verhältnis zur kosmischen Außenwelt, sagt Rudolf Steiner, und dieses Verhältnis spiegelt sich meistens physiologisch auf meßbare Weise. Die Raumforschung der letzten fünfzig Jahre hat Belege für diese Auffassung erbracht. Beispielsweise hat M. Thun in zwanzigjähriger Forschungsarbeit einen deutlichen Zusammenhang zwischen der Entwicklung der Pflanzen und der Stellung des Mondes am Sternenhimmel festgestellt.[9])

In seiner Bewegung um die Erde geht der Mond durch verschiedene Sternbilder des Tierkreises. Eine solche Umlaufszeit bezeichnet man als siderischen Monat. Je nach Stellung des Mondes im Tierkreis zur Zeit der Bodenbearbeitung und der Aussaat scheinen die ätherischen Kräfte zu besonderer Wirkung auf die Kulturpflanzen angeregt zu werden. Auf diese Weise wird die Entwicklung ihrer verschiedenen Organe gefördert, entweder des Samens oder der Wurzel, der Blätter, der Blüten. Wenn sich der Mond zum Beispiel im Sternbild Stier befindet, ist seine Wirkung anders als beim Krebsdurchgang. Die vier wesentlichen Bezüge kehren im siderischen Monat regelmäßig dreimal wieder. Der Ertrag erhöht sich entschieden, wenn die Aussaat im richtigen Zeitpunkt erfolgt, das heißt, die des Wurzelgemüses an Tagen, wo die Wurzelbildung beeinflußt wird, die des Blattgemüses an »Blattagen« usw. Leider ist es nicht möglich, an dieser Stelle auf M. Thuns umfassende Forschungsarbeit einzugehen, deren Ergebnisse von U. Abele statistisch bestätigt worden sind.[10]) Auch die Mondphasen beeinflussen die Pflanzenwelt, aber auf andere Weise.

Andere Reformbewegungen

Neben der biologisch-dynamischen Methode gibt es in der Landwirtschaft noch andere Reformbewegungen, die in einigen Fällen größere Ausbreitung gefunden haben. Der geschichtliche Hintergrund ist verschieden, aber sie gehen alle von dem Standpunkt aus, daß die Landwirtschaft der Gesundheit des Menschen dienen muß. Sie treten unter den Bezeichnungen organische, biologische oder naturgemäße Bodenkultur auf. Organische Bodenkultur bezieht sich auf die Düngungsart. Statt des anorganischen, das heißt mineralischen oder künstlichen Düngers wird organischer Abfall verwendet. Im allgemeinen benutzt man Stallmist, doch mitunter wird der tierische Dung durch pflanzlichen ersetzt, das heißt, man düngt mit tiefwurzelnden, schwefelhaltigen Gewächsen, die nicht als Erntegut dienen, sondern dem Boden als Nahrung und Grundlage für Mikroben zurückgegeben werden. Der Humus wird auch durch wechselnde Bepflanzung bereichert. Pflanzen- und Tierabfall werden entweder kompostiert oder in dicker Schicht auf den Boden gelegt.

Die Bezeichnung biologische Düngung deutet an, daß auf das Leben im Boden (Bakterien, Algen, Pilze, Insekten, Maden usw.) großer Wert gelegt wird, weil man es als Voraussetzung für hohe Fruchtbarkeit betrachtet. Die Vorstellung vom geschlossenen Kreislauf – die Ansicht, daß jede landwirtschaftliche Einheit den Dung, den sie braucht, tunlichst selbst produzieren sollte – wird von den Befürwortern der biologisch-dynamischen Methode am stärksten betont, aber auch von anderen Reformbewegungen vertreten. Ein solch geschlossener Kreislauf zeichnet sich, wenn er von selbst funktioniert, durch höchste Fruchtbarkeit aus. Hoher Ertrag kann jedoch auch auf Kosten der Fruchtbarkeit erzielt werden, und das ist bei der heutigen chemischen Landwirtschaft gewöhnlich der Fall.

Zukauf von organischen Düngemitteln wie Knochen-, Fleisch-, Fisch- und Algenmehl ist auch beim biologisch-dynamischen Betrieb üblich. Außerdem wird Kalk benutzt, den man als Bodenverbesserungsmittel betrachtet, oft in Form gemahlener Kalkalgen. Zur Verstärkung eines armen oder einseitigen Mineralskeletts können Steinmehl, Rohphosphor und dergleichen angewendet werden. Immer handelt es sich um die Frage, ob der Boden genügend Mineralsalze selbst produziert oder nicht. Giftige Pflanzenschutzmittel, Unkrautvertilgungsmittel und wasserlöslicher Mineraldung werden nicht benutzt. Hingegen sorgt man mit einer Abkochung oder einem Auszug verschiedener Kräuter, zum Beispiel von Brennesseln und Schachtelhalm, für die Kräftigung der Pflanzenkonstitution, womit Krankheiten vorgebeugt wird. Beim Säen und Anpflanzen wird darauf geachtet, daß manche Gewächse zusammen mit anderen besser gedeihen, manche aber weniger gut miteinander harmonieren.

Bei der Bodenbearbeitung wird vom Wendepflug möglichst abgesehen. Er gilt als ein unbiologisches und naturfremdes Gerät, das die natürliche Schichtenbildung im Boden stört.

Alle diese Bewegungen, die in vielen Ländern, so in der Schweiz und in Frankreich, stark verbreitet sind, haben in bezug auf Kultivierung gesunder Gewächse mit gutem Geschmack, Aroma und Lagerungstauglichkeit große Erfolge zu verzeichnen. In quantitativer Hinsicht können sich etliche Betriebe mit den Landwirten messen, die künstlichen Dünger verwenden, aber im Durchschnitt liegt der mengenmäßige Ertrag um zehn bis zwanzig Prozent niedriger. Dafür ist der Trockensubstanzgehalt durchweg höher. Der Unterschied zwischen den Erträgen natürlich gedüngter Äcker ist eher in der Tüchtigkeit des Bauern als in der bevorzugten Methode zu suchen. Zur

Beurteilung der Frage, welche biologische Methode die beste ist, fehlt es an Belegen.
Die biologisch-dynamische Schule stützt sich auch auf das biologische Grundwasser. Ebenso wird die äußere Kompostierung von allen angewendet. Aber bei der praktischen Arbeit spielt das geisteswissenschaftliche Denken der Anthroposophie eine Rolle, das ja die außerirdische Umwelt mit einbezieht und die neuen Erkenntnisse der Umweltforschung vorweggenommen hat. Rudolf Steiners kosmische Betrachtungsweise wurde von den Naturwissenschaftlern als Mystizimus abgetan, und die übrigen Reformbewegungen teilten diese Ansicht mehr oder minder. Das ist vielleicht verständlich, handelte es sich doch um ganz neue und unbekannte Erkenntnisse. Aber die allen gemeinsame biologische Grundlage ist mit dem gewöhnlichen naturwissenschaftlichen Denken durchaus faßbar und wird daher für richtig gehalten. Die Vorbehalte betreffen heute eigentlich nur die betriebsökonomische Planung. Man meint, die Methode lohne sich in ökonomischer Hinsicht nicht.
Für Menschen, die materialistisch eingestellt sind und sich mit einem Denken, für das ihre Ideenwelt keinen Platz hat, nicht ohne weiteres befassen können, muß man Tatsachen sprechen lassen. Es gibt jetzt auf diesem Gebiet eine Forschung, die im Verhältnis zur Größe der Bewegung recht umfassend ist. In den Vereinigten Staaten befindet sich ein Forschungsinstitut in Spring Valley, in Deutschland haben wir das Institut für Biologisch-Dynamische Forschung in Darmstadt. Das schwedische Forschungsinstitut besteht seit 1958 in Järna und veröffentlicht die Ergebnisse seiner Arbeit seit zwanzig Jahren in einer Zeitschrift. Diesem Forschungsinstitut ist eine Lehranstalt angegliedert.

Zusammenfassung

Biologisch-dynamische und biologische Landwirtschaft können grundsätzlich überall betrieben werden. Der Ertrag ist mengenmäßig etwas geringer als bei Betrieben, die mit künstli-

chem Dünger arbeiten; aber der Trockenstubstanzgehalt ist höher, der Nährwert größer, und die Erträge sind gleichmäßiger. Pflanzen und Tiere sind gesünder, und auf giftige Pflanzenschutzmittel kann verzichtet werden.
Nach achtzehnjährigen Kultivierungsversuchen auf begrenztem Probegelände (Parzellenversuche) hat sich erwiesen, daß nach sieben- bis achtjähriger biologisch-dynamischer Düngung sogar die Quantität den Ertrag der künstlich gedüngten Felder übertrifft, so daß sowohl Qualität als auch Quantität an der Spitze liegen. Die Untersuchungen werden fortgesetzt. Das zeigt, daß es mehrerer Jahre bedarf, die Fruchtbarkeit zu steigern. Biologisch-dynamische Landwirtschaft hebt sozusagen den Zins, der höher wird, wenn sich das Kapital vermehrt. Die heutige konventionelle Landwirtschaft zehrt meistens vom Kapital. Der große Ernte-Ertrag ist nicht immer Ausdruck der Fruchtbarkeit, sondern ergibt sich oft auf Kosten der Fruchtbarkeit. Quantität und Qualität müssen sich keineswegs ausschließen, wie die erwähnten Versuche gezeigt haben. Dieselben Kultivierungsmaßnahmen, die die Fruchtbarkeit des Bodens erhöhen, verbessern auch die Qualität.
In bezug auf Eenergieverbauch sind biologische und biologisch-dynamische Landwirtschaft sehr anspruchslos, da sie sich auf einen geschlossenen Kreislauf stützen. Dagegen erfordern sie größeren Einsatz an menschlicher Arbeitskraft. Das ist allerdings fast der einzige Überfluß der Welt. Diese Art der Landwirtschaft eignet sich ideal für kleinere Betriebe. Je kleiner die Einheit ist, desto mehr produziert die Bodenfläche infolge der intensiven Pflege.
Die Volksgesundheit bessert sich, teils durch die reichhaltigere Nahrung, teils durch die vermehrte Arbeit an der frischen Luft. Menschen, die sich in den Dienst einer solchen Landwirtschaft stellen, gewinnen ein ganz anderes Lebensgefühl und erkennen den Sinn des Daseins.

1) Justus von Liebig: Chemische Briefe. 1844

2) Johann Wolfgang von Goethe: Metamorphose der Pflanzen

3) Rudolf Steiner: a) Grundlinien einer Erkenntnistheorie der Goetheschen Werke mit besonderer Rücksicht auf Schiller. 1924. b) Goethes naturwissenschaftliche Schriften. Novalis Verlag, Freiburg, 1949.

4) E. Aehnelt und J. Hahn: Fruchtbarkeit der Tiere – eine Möglichkeit zur biologischen Qualitätsprüfung von Futter und Nahrungsmitteln. Lebendige Erde, Nr. 3/1974, S. 93.

5) W. Schuphan: Essen wir Gift? Dokumentation über die Qualität der Nahrung. Lebendige Erde, Nr. 5/1974, S. 172

6) a) Björn Gillberg: On the effects of some pesticides on Rhizobium and isolation of pesticide-resistant mutants. Arch. Mikrobiol., 75, 1971. b) W. W. Fletcher und J. W. S. Alcorn: The effect of translated herbicides on Rhizobia and the modulation of legumes. Nutrition of Legumes, Ed. E. G. Hallsworth, 1958

7) M. Klett: Untersuchungen über Licht- und Schattenqualität in Relation zum Anbau und Test von Kieselpräparaten zur Qualitätshebung. Institut für Biologisch-Dynamische Forschung, Darmstadt, 1974.

8) M. Thun, und H. Heinze: Anbauversuche über Zusammenhänge zwischen Mondstellungen im Tierkreis und Kulturpflanzen. Mit statistischer Prüfung der Ergebnisse. Band 1 und 2. Institut für Biologisch-Dynamische Forschung, Darmstadt, 1973.

9) U. Abele: Vergleichende Untersuchungen zum konventionellen und biologisch-dynamischen Pflanzenbau unter besonderer Berücksichtigung von Saatzeit und Entitäten. Dissertation im Fachbereich »Angewandte Biologie« der Justus-Liebig-Universität Giessen, 1973

10) Koepf, Pettersson, Schaumann: Biologische Landwirtschaft. Verlag Eug. Ulmer, Stuttgart, 1974.
E. Pfeiffer: Bio-dynamic Farming and Gardening. Antroposophic Press, New York, 1938.
Biologisch-dynamischer Land- und Gartenbau. Band 1: Grundlagen, Durchführung, Erfahrungen, Bedeutung. Band 2: Berichte aus der Forschung. Forschungsring für Biol.-Dyn. Wirtschaftsweise, Darmstadt, 1973.

5

Erik Lindberg

Biologische Medizin

Die exakten Naturwissenschaften Physik und Chemie bilden den Boden, auf dem die Technik der modernen Gesellschaft errichtet ist. Darum ist die Naturwissenschaft der Leitstern geworden, in dessen Licht man alle Probleme, auch die der Krankheit und Gesundheit, zu lösen sucht.

Die Naturwissenschaft ist jedoch ein Instrument, das man benützt, wenn man Maschinen, Apparate und andere leblose Gegenstände baut, die genau zu beschreiben, zu messen, zu kontrollieren und zu überblicken sind. Wendet man die Technik auf Lebewesen wie etwa den Menschen an, so wird es allzu kompliziert, den ganzen Menschen und alle seine Funktionen in Betracht zu ziehen. Man ist gezwungen, ihn in eine fast unendliche Anzahl von Teilfunktionen zu zerlegen und sich mit jedem Teilchen für sich zu beschäftigen. Es liegt in der Natur der Sache, daß man nicht entscheiden kann, ob die vorgenommenen Maßnahmen auch auf andere Teilfunktionen als die beabsichtigten wirken. Die Erkenntnisse, zu denen man auf diese Weise gelangt, sind außerdem so zersplittert, daß sich daraus niemals eine Gesamtschau zusammenfügen läßt. Ist das Ganze vielleicht eine Summe seiner Teile? Ist der Mensch vielleicht mehr als eine Anzahl organischer Stoffe und biochemischer Reaktionen? Ist die ganze Wahrheit aus etlichen isolierten Entdeckungen oder Teilwahrheiten zu erfahren?

Derartige Gedankengänge haben die Vertreter der sogenannten biologischen Medizin dazu gebracht, von teilweise anderen Gesichtspunkten auszugehen als die Techniker und Naturwissenschaftler. Man sucht die Wahrheit nicht im Reagenzglas oder im Elektronenmikroskop, sondern im Leben selbst, in uralter Volksweisheit, in Überlieferung und auf Erfahrung beruhendem Denken. Kann man dann seine Schlußfolgerungen mittels der Retorte bekräftigen, so ist das natürlich gut. Aber gleichzeitig sieht man ein, daß es unmöglich ist, alles in chemischen Formeln oder im Mikroskop einzufangen. Jedenfalls ist es in absehbarer Zeit praktisch unmöglich – und vielleicht gar nicht notwendig.

Definition der biologischen Medizin

Unter biologischer Medizin versteht man die Kunst, die bestmöglichen Bedingungen für die krankheitsbekämpfenden Reaktionen des Körpers zu aktivieren und zu schaffen.
Das geschieht beispielsweise durch Diät, physikalische Therapie (körperliche Bewegung, Massage, Bäder, Wärmebehandlung usw.) und durch biologische Heilmittel. Die Heilmittel stellt man hauptsächlich aus Naturstoffen her, ohne sie durch chemische Verfahren zu verändern.
Es gibt keine unbedingte Abgrenzung gegen die übliche naturwissenschaftliche Medizin. Allerdings legt diese viel größeres Gewicht darauf, bestimmte Organe durch starke chemische Mittel zu beeinflussen und damit spezifische Wirkungen zu erzielen.

Allgemeine Behandlung

Die Natur ist der beste Heiler. Das erkannte schon Hippokrates, der sagte, sie schaffe Abhilfe gegen drei Viertel aller Krankheiten und spreche nie schlecht über ihre Kollegen. Dieser Ansicht ist auch die biologische Medizin. Darum besteht der Hauptgrundsatz darin, bestmögliche Bedingungen für das Heilvermögen des Körpers zu schaffen. Es läßt sich eine Parallele zur biologischen Landwirtschaft ziehen, die im vierten Kapitel behandelt worden ist. Wenn Pflanzen erkranken, fragt man sich: Was fehlt der Erde, die Gewächse hervorbringt, welche mit Parasiten nicht fertig werden oder erkranken? Genauso fragt der biologische Mediziner: Was ist falsch an den Lebensbedingungen eines Menschen, der nicht mehr normal funktioniert und krank wird? Darum besteht die Behandlung zu einem großen Teil darin, die Lebensbedingungen zu ändern und günstiger zu gestalten. Das erfordert Maßnahmen, die bei manchen gewöhnlichen Krankheiten wie Gefäßerkrankungen, Nierenleiden, Gelenkrheumatismus und bestimmten Stoffwechselstörungen ganz gleichartig sind.

Zu dieser Allgemeinbehandlung kommen natürlich besondere Variationen und Medikamente für die verschiedenen Krankheiten. Dank der Allgemeinbehandlung genügen dabei oft ganz einfache und ungefährliche Mittel.

Nehmen wir zum Beispiel chronischen Gelenkrheumatismus. Die meisten Forscher stimmen darin überein, daß die rheumatische Gelenkentzündung von einer Überempfindlichkeitsreaktion herrührt. Bei ungefähr fünf Prozent aller Fälle findet man bei dem Patienten eine Infektion. Es sind Bakteriengifte, die diese Überempfindlichkeitsreaktion auslösen. In diesen verhältnismäßig seltenen Fällen nimmt man Antibiotika zu Hilfe, die der Infektion entgegenwirken, indem sie die Bakterien zum Verschwinden bringen.

Meistens liegt jedoch keine Infektion vor. Dann setzt man Medikamente ein, die zwar die Symptome lindern, aber nicht die »Ursache« der Krankheit beheben. Der »biologische« Mediziner aber überlegt sich folgendes: Eine Infektion liegt nachweisbar nicht vor. Demnach ist anzunehmen, daß der Patient gegen irgend etwas überempfindlich ist, vielleicht gegen Stoffe, die vom eigenen Stoffwechsel gebildet werden – Stoffe, die für einen gesunden Menschen nicht gefährlich sind, aber im Falle einer Allergie zu Rheumatismus führen. Diesem Kranken geht es besser, wenn er seine Eßgewohnheiten zugunsten einer Diät aufgibt, die seine Überempfindlichkeit berücksichtigt und keine für ihn »giftigen« Stoffe auslöst.

Das beste Ergebnis wird folgendermaßen erzielt: Man beginnt

mit einer zwei- bis dreiwöchigen Diät von frischgepreßten Obstsäften, Gemüsebrühe und Kräutertee. Dann wird die Kur mit einer Kost fortgesetzt, die auf Gemüse und Milchprodukten beruht. Nach ein bis zwei Jahren kann diese Diät modifiziert werden, ohne daß sich das Befinden des Patienten verschlechtert. Eine solche Diät erzeugt verhältnismäßig wenig »Stoffwechselschlacken«, auch weniger potentielle Allergene. Bei Gicht wird vor allem in den Gelenken und Knorpeln Harnsäure abgelagert, die ein Abbauprodukt des Eiweißstoffwechsels ist.

Oft zeigt es sich, daß Patienten, die an Gelenkrheumatismus oder Gicht erkrankt sind, auch an erhöhtem Blutdruck, Herzinsuffizienz oder Diabetes leiden. Alle diese Störungen werden durch die Diätkur gegen Rheumatismus erheblich gebessert.

Aufgrund von Beobachtungen, die durch biologische, physiologische, dietätische und chemische wissenschaftliche Erkenntnisse ergänzt werden, hat man eine Arbeitshypothese aufgestellt, die für die biologisch-medizinische Allgemeinbehandlung wegweisend ist.

Die Hypothese lautet kurz so: Bei vielen gewöhnlichen Zivilisationskrankheiten ist die normale Funktion der Gewebe gestört, weil sie von einem Übermaß an mehr oder weniger giftigen, hauptsächlich harnsäurehaltigen, oft stickstoffhaltigen Stoffwechselschlacken belastet werden. Das betrifft besonders das Bindegewebe, das sowohl Basen als auch Säuren in großen Mengen absorbieren kann. Damit die Gewebe wieder normal funktionieren, muß man alle diese »Verunreinigungen« beseitigen oder vermindern, zum Beispiel durch diätetische Maßnahmen und durch physikalische Therapie wie schweißtreibende Wärmebehandlung, Massage oder Gymnastik.

Heilmittel

Die biologische Medizin verfügt über ein ganzes Arsenal von Heilmitteln. Sie bestehen aus natürlichen Stoffen, meistens aus Kräutern, die nicht durch chemische Verfahren verändert werden. Die Wirkung ergibt sich in der Regel durch einen Komplex von Substanzen in natürlicher Zusammenstellung, und sie beruht darauf, daß die Abwehrkräfte des Körpers angeregt werden. Ein biologisches Medikament kann zum Beispiel vor Infektionen schützen, ohne daß die beteiligten Bakterien vernichtet werden.

Dr. Karl-Otto Aly, der in einem schwedischen Kurhaus in weitem Ausmaß biologische Medizin praktiziert, sagt: »Oft bewirkt gerade die ursprüngliche Kombination verschiedener aktiver Stoffe im natürlichen Zusammenspiel der Heilpflanze den besten Effekt oder die geringsten Nebenwirkungen. In diesem Zusammenhang muß man auch bedenken, daß Heilpflanzen Produkte unseres biologischen Systems sind und daß wir uns im Verlauf der natürlichen Evolution ihm angepaßt und Abwehrkräfte entwickelt haben, die nicht gegen die neuen synthetischen chemischen Stoffe gerichtet sind. Die Gefahr, sich unbekannten gefährlichen Nebenwirkungen auszusetzen, besteht bei den erprobten alten Heilkräutern überhaupt nicht. Ihre Wirkungen und Nebenwirkungen sind von Generationen kritischer Ärzte beschrieben worden. Sie haben jeder kritischen Prüfung standgehalten, und man kennt ihre Wesen aus Erfahrung.«

Im Gegensatz dazu kann sich die naturwissenschaftliche Medizin gerade heute nicht auf erprobte Erfahrung berufen. Sie ist in eine Lage geraten, in der man mit wohldefinierten chemischen Stoffen arbeitet, die auf bestimmte Organe und Zellen eine leicht meßbare spezifische Wirkung haben.

Hingegen unterstützen die biologischen Heilmittel die krankheitshemmenden Reaktionen des Körpers. Diese Reaktionen sind individuell breit gefächert und können in begrenztem Umfang mit standardisierten Meßmethoden und sogenannten wiederholten Untersuchungen beobachtet werden. Individuelle Behandlung der Patienten ist in weitem Maße notwendig. Es bedarf vieler Hilfsmittel, sichere und einwandfreie Methoden zu finden, die die pharmakologische Wirkung biologischer Heilmittel beweisen. Fachleute sind der Ansicht, daß es fünfzehn Jahre dauern wird, bis man dazu gelangt ist, es gibt jedoch keine Industrie oder sonstige Trägerschaft, die gewillt ist oder über die Hilfsmittel verfügt, diese Aufgabe zu übernehmen. Eine positive, aktive gemeinsame Geisteshaltung ist notwendig, wenn das Rätsel der biologischen Heilmittel gelöst werden soll.

Prüfung der Allgemeinbehandlung nach biologisch-medizinischen Grundsätzen

Kann man mit biologisch-medizinischer Allgemeinbehandlung unter kontrollierten Bedingungen konkrete Ergebnisse erzielen? Um diese Frage zu beantworten, nahm ich 1966/67 die folgende Untersuchung vor. Ich arbeitete damals in einer rheumatologischen Klinik und kam dort mit Patienten zusammen, die an chronischem Gelenkrheumatismus litten. Meine Untersuchungen bezogen sich auf Dreißig- bis Fünfzigjährige, die seit mindestens einem Jahr krank waren. Wenn sie nach der üblichen Behandlungszeit entlassen wurden, fragte ich sie: »Wollen Sie es einmal mit einer Diät versuchen, die vielleicht gut gegen Rheumatismus ist? Natürlich ohne Garantie. Nur als Versuch.«

Von 44 Patienten, die ich im Verlauf eines Jahres fragte, erklärten sich zwölf bereit. Die übrigen waren meine Kontrollgruppe. Zehn von ihnen waren seit mindestens vier Jahren krank, die beiden anderen seit 16 und 18 Monaten. Alle waren in einer langdauernden Periode allmählicher Verschlechterung oder in gleichbleibendem Zustand mit starken Beschwerden, was als Erklärung gelten kann, daß sie sich zur Verfügung stellten.

Die beschriebene Allgemeinbehandlung wurde in einem geeigneten Krankenhaus einen Monat lang durchgeführt. Alle Patienten wurden in dieser Zeit mehrmals untersucht, auch weiterhin ein Jahr lang, während sie die Diätvorschriften zu Hause befolgten. Die Untersuchungen galten unter anderem der Spontanschmerzhaftigkeit und den Bewegungsschmerzen in allen Gliedern; außerdem wurden die gewöhnlichen Blutproben gemacht.

Bevor wir auf das Ergebnis eingehen, müssen wir uns darüber klar sein, was man eigentlich unter Verbesserung oder Verschlechterung eines Krankheitszustandes versteht. Das ist nicht so selbstverständlich, wie man meinen könnte. Die Fachliteratur enthält viele Vorschläge, nach welchen Proben oder Untersuchungen man sich richten soll. Mit den beschränkten Hilfsmitteln, die mir zur Verfügung standen, ließ ich die Zahl der entzündeten Glieder als Kriterium gelten. Das heißt, Ausbreitung der Bewegungsschmerzen auf bisher schmerzfreie Glieder galt als Verschlechterung, Verminderung als Besserung. Das erwies sich als eine Methode, die mit der eigenen Auffassung des Patienten von seinem Zustand übereinstimmte.

Nach dieser Bestimmung hatte sich der Zustand bei allen Versuchspersonen außer zweien nach einem Monat gebessert. Bei

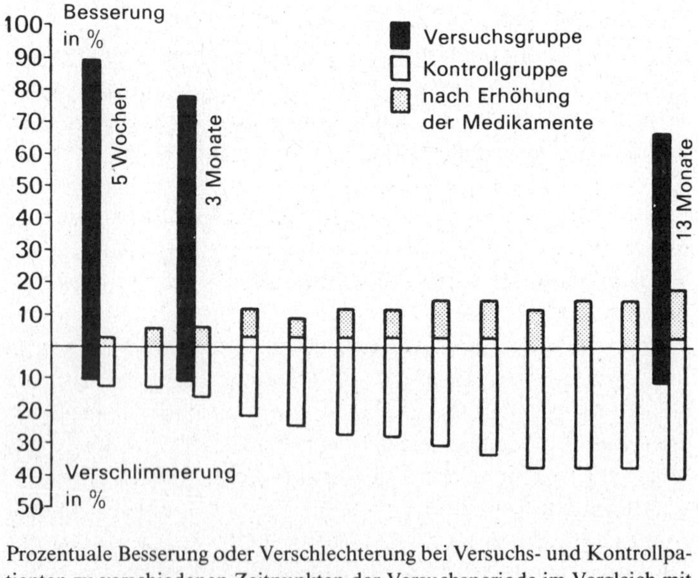

Prozentuale Besserung oder Verschlechterung bei Versuchs- und Kontrollpatienten zu verschiedenen Zeitpunkten der Versuchsperiode im Vergleich mit dem Zustand bei Beginn des Versuchs.

der einen Ausnahme war er unverändert, bei der anderen verschlechtert. Die Zahl der Entzündungen war bei allen ungefähr auf die Hälfte (52 Prozent) gesunken.
Im folgenden Jahr führten neun von den zwölf Patienten die Diät durch. Danach hatte sich der Zustand bei sechs gebessert, bei zweien war er unverändert, und einem ging es schlechter. Von den 32 Kontrollpatienten, denen die übliche medizinische Spezialbehandlung zuteil wurde, ging es nach einem Jahr sechs Personen besser, dreizehn verzeichneten keine Veränderung, und bei dreizehn hatte sich der Zustand verschlimmert. Bei fünf von den sechs Gebesserten war die Medikamentenzufuhr erhöht worden. Bei der Kontrollgruppe hatte sich also nur bei einem von 32 Patienten der Zustand mit gleichbleibender medikamentöser Behandlung spontan gebessert (s. Abb.). Die Aussicht auf eine solche zufällige Besserung soll ungefähr 1 : 1000 sein.[1])

Individuelles Behandlungsergebnis

Um einen Begriff von den individuellen Behandlungsergebnissen zu vermitteln, führe ich hier vier Beispiele an:
1. Patient, dessen Zustand sich im großen und ganzen während der Behandlung kontinuierlich gebessert hat;
2. Patient, der nach Verbesserung während des ersten Monats allmählich einen Rückfall erlitt;
3. Patientin, die die weitere Behandlung nicht auf sich nehmen wollte;
4. Patientin, die auf die Behandlung negativ reagierte.

1. Vierzigjähriger Beamter, der meistens im Büro arbeitete und nur manchmal außendienstlich tätig war. Chronischer Gelenkrheumatismus seit 1952. Starke Verschlimmerung seit 1964 mit Schwellungen und Schmerzen in den meisten Gliedern. Von 1965 an Behandlung mit Hypophysenhormon, wodurch der Zustand zufällig nur verschlimmert wurde. In den Jahren 1965/66 dreimaliger Aufenthalt in der rheumatologischen Klinik. Im Frühling 1966 trotz intensiver Hormonbehandlung bettlägerig. Umstellung auf Cortisonbehandlung

und arbeitsfähig im Büro. War zu größerer Cortisondosis gezwungen (täglich 10 mg Prednisolon), was erfahrungsgemäß längere Zeit toleriert werden kann, ohne daß sich ernste Nebenwirkungen ergeben. Starke Verschlimmerung beim Versuch, die Dosis zu verringern. Während zweiwöchiger biologischer Behandlung wurde die Dosis auf die Hälfte verringert; die Folgen waren Schmerzen in mehreren Gliedern.
Eine zwanzigtägige Saftdiät wurde durchgeführt und vom ersten Tag an kein Cortison mehr gegeben. Abgesehen von Gelenksymptomen in den ersten vier Tagen starke Verbesserung. Danach kontinuierliche Besserung, so daß er einen Monat später nach Hause gehen konnte. Ohne Medikament war sein Befinden jetzt ebenso wie vor der Behandlung mit der großen Cortisondosis.
Nach einem weiteren Monat ständiger Besserung wurde die Diät modifiziert. Das ganze folgende Jahr setzte sich die Besserung fort. Vor Beginn der biologischen Behandlung litt der Patient Schmerzen an vierzehn großen Gliedern. (Ich rechne alle Fingergelenke einer Hand als ein großes Glied, ebenso die Zehengelenke eines Fußes. Die übrigen Extremitätengelenke gelten als großes Glied.) Nach einem Jahr war der Patient vollständig schmerzfrei, in den folgenden sieben Jahren traten nur anflugweise Schmerzen auf. Er ist voll arbeitsfähig, größtenteils im Büro, aber mitunter auch im Freien. Er nimmt kein Medikament.
2. Fünfzigjähriger Ladenbesitzer. Seit 30 Jahren chronischer Gelenkrheumatismus. Seit zehn Jahren hauptsächlich Fuß-, Hand- und Fingerbeschwerden. Jeder Schritt schmerzte, er trug Sprunggelenkstützung, Versteifungsoperation der Fußglieder wurde vorgeschlagen. Seit zehn Jahren konnte er weder im Gelände gehen noch laufen oder radfahren. Treppensteigen war sehr beschwerlich, er vermochte es nur wie ein kleines Kind. Nahm eine starke Medizin gegen Gelenkentzündung (dreimal täglich 25 mg Indomethacin) sowie ein Acetylsalicylsäure-Präparat in voller Dosis. Trotzdem hatte er sogar im Ruhezustand Schmerzen, die sich verstärkten, wenn er einmal vergaß, eins der Medikamente zu nehmen.
Er wurde zwanzig Tage auf Saftdiät gesetzt, wobei eine konti-

nuierliche Besserung vor sich ging. Am siebenten Tag konnte er zum erstenmal seit zehn Jahren laufen. Als er mit festen Füßen aufzutreten begann, ließ die Besserung zwei Tage lang nach; danach schritt sie weiter voran. Fünf Wochen nach Beginn der Behandlung kehrte er heim, wanderte im Gelände umher und bekam nur nach einigen Kilometern einen kurzdauernden Schmerz in den Fußgelenken. Er radelte täglich fünf Kilometer, sogar auch bergauf. Beim Treppensteigen nahm er drei Stufen auf einmal. Medikamente brauchte er nicht. Vor der Behandlung schmerzten ihn sieben große Glieder, nach der Entlassung aus dem Krankenhaus waren sechs davon ganz schmerzfrei, und seine Beweglichkeit hatte sich beträchtlich erhöht.

Die Besserung hielt dreieinhalb Monate an. Danach kam es zu einem Rückfall mit Schwellungen und Bewegungsschmerzen an mehreren Gliedern, und er mußte wieder zu den alten Medikamenten greifen. Zeitweise hatte er sogar Spontanschmerzen. Er unternahm eine sogenannte Kurreise nach Südeuropa, aber leider ohne den geringsten Erfolg.

Nun machte er eine neue zehntägige Kur mit Saftdiät. Wie beim erstenmal ergab sich eine Besserung, nur ein stark deformierter Fuß bereitete ihm Bewegungsschmerzen. Infolgedessen konnte er keine so ausgedehnten Wanderungen wie nach der ersten Kur unternehmen.

Diesmal kam der Rückfall nach ungefähr zweieinhalb Monaten, nun mit einem geschwollenen Knie. Die übrigen Glieder besserten sich sehr im Vergleich zu der früheren Behandlung. Er hat keine Schmerzen mehr und kommt ohne Medikamente aus.

3. Hausfrau in den Fünfzigerjahren. Seit sieben Jahren allgemein fortschreitender Gelenkrheumatismus. Dreimaliger Aufenthalt in der rheumatologischen Klinik. Fortgeschrittene entzündliche Veränderungen und Abnützung an Hüfte und Knie. Keine Spontanschmerzen, aber »fast überall« Bewegungsschmerzen. Ging langsam am Krückstock. Wurde mit Hypophysenhormon, Indomethacin und Acetylsalicylsäure behandelt.

Nach dreiundzwanzigtägiger Saftdiät war die allgemeine Beweglichkeit erhöht, und die Bewegungsschmerzen hatten nachgelassen. Ihr Zustand verschlimmerte sich, sobald sie nach der Heimkehr feste Nahrung zu sich nahm. Sie begann wieder mit der Hormonbehandlung. Sie fand, es lohne sich nicht, Diät zu halten. Sie kam zu keiner Kontrolle.

4. Fünfunddreißigjährige Hausfrau. Seit vielen Jahren zeitweise allergische Beschwerden und Gliederschmerzen, seit sechs Jahren kontinuierlich. Die Schmerzen unterschiedlicher Intensität ziehen in den Gliedern. Zweimaliger Aufenthalt im Krankenhaus. Eine Entzündung in den Nasenlöchern heilt, ohne daß die Glieder beeinflußt werden. Sie wird mit Indomethacin, Hypophysenhormon, Chlorochinpräparat und Antibiotika behandelt, ohne daß eine Besserung festzustellen ist. Die Behandlung mit Salazopyrin (einem Sulfapräparat mit spezifischer Wirkung unter anderem auf entzündete Gelenke) mußte abgebrochen werden, weil das Medikament ihren weißen Blutkörperchen schadete. Fast alle Medikamente außer Acetylsalicylsäure verursachten ihr Kopfschmerzen und andere Beschwerden. Bei Beginn der Diätbehandlung bekam sie Schmerzen in neun großen Gliedern. Sie ging ganz steif, und das Knie tat ihr weh, wenn sie sich setzte oder aufstand.

Nach dreiundzwanzigtägiger Saftdiät hatte sie immer noch die Spontan- und Bewegungsschmerzen in neun großen Gliedern, und das Knie hatte sich verschlimmert. Daraufhin wurde die Patientin auf Cortisonbehandlung umgestellt, die ihr bisher als einzige helfen konnte.

Die drei ersten der geschilderten Fälle zeigen, welch verschiedene individuelle Ergebnisse bei der Versuchsgruppe erzielt wurden. Die vierte Patientin war die einzige, die auf die einleitende Saftdiät negativ reagierte.

Bei der Beurteilung der Ergebnisse in der Versuchsgruppe muß man in Betracht ziehen, daß sich Verbesserungen ergaben, obwohl fast alle Medikamente abgesetzt wurden, und daß die Diätbehandlung ohne Unterstützung biologischer Heilmittel vorgenommen wurde.

Über diese Frage ist viel diskutiert worden, leider oft in etwas spöttischem Ton.
Die Frage, ob das Ergebnis »wissenschaftlich« bewiesen sei, kann natürlich nicht mit einem erschöpfenden Ja oder Nein beantwortet werden. Wenn man nur die allgemein bekannten Kriterien gutheißt – die bei der Prüfung eines Heilmittels im Vergleich zu Scheinmedikamenten gelten –, muß die Frage verneint werden. Manch ein Disputant beruft sich auf diese Kriterien und behauptet, daß die Versuchspersonen nicht zufällig ausgewählt worden seien und darum nicht mit den Kontrollpersonen verglichen werden könnten. Es sei denkbar, daß gerade bei den Patienten, die so »anomal« sind, daß sie die Diät einhalten, ein »unbekannter Faktor« mitspiele, der sich ohnehin ausgewirkt hätte, und zwar gerade zu dem Zeitpunkt, der mit der Behandlungsperiode zusammenfällt.
Es sei wohl anzunehmen, daß die Patienten an die Diät glaubten. Es gehe also um die Frage, ob Heilung durch den Glauben von wissenschaftlichem Interesse ist. Die Untersuchung müßte so vorgenommen werden, daß die Patienten nicht wüßten, ob sie Fleisch und Sahnetorte oder Gemüsebrühe und Obstsaft zu sich nähmen.
Die Entgegnung auf die Kritik lautet: Selbstverständlich muß man der Tatsache Rechnung tragen, daß man die Ergebnisse von freiwilligen Versuchspersonen erhält, die mit vollem Bewußtsein – und mit den Geschmacksnerven – die veränderte Ernährungsweise erleben, und daß ein sogenannter »Doppelblindversuch« nicht in Frage kommt. (Darunter ist der Versuch zur Erprobung der therapeutischen Wirksamkeit eines Medikaments unter Ausschaltung psychologischer Komponenten zu verstehen, bei dem einem Teil der Patienten das Medikament, einem anderen ein Scheinmedikament verabreicht wird. Beim einfachen Blindversuch weiß der einzelne Patient nicht, ob er eine wirksame oder unwirksame Droge bekommen hat; beim doppelten Blindversuch ist auch der die Wirkung prüfende Arzt über die Verteilung nicht unterrichtet). Auch wenn sich nicht entscheiden läßt, in welchem Maße das Ergeb-

nis auf psychologischen Komponenten beruht – die wahrscheinlich den Krankheitsprozeß beeinflussen –, kommt dem Versuch große Bedeutung zu, wenn man bedenkt, wie viele Rheumatiker es gibt, die mehr Interesse an einer gesundheitlichen Besserung haben als an der wissenschaftlichen Beschreibung des Wirkungsmechanismus. Der gewöhnliche gesunde Menschenverstand genügt zur Teilnahme an dieser Diskussion und zur Beurteilung der Frage, ob die möglichen theoretischen Einwendungen die Ergebnisse in den Schatten stellen. Früher oder später muß man Stellung dazu beziehen, ob eine solche Untersuchung nur durchgeführt werden soll, damit die Vertreter des Doppelblindversuchs zufriedengestellt werden.
Angenommen, ein kompetenter Arzt hat die Möglichkeit, eine derartige Untersuchung vorzunehmen – ihm müßten so viele freiwillige Patienten zur Verfügung stehen, daß sie in eine Versuchs- und in eine Kontrollgruppe eingeteilt werden könnten und bei der Versuchsgruppe würden mehr Heilerfolge erzielt als bei der Kontrollgruppe, auch dann könnte man einwenden, daß psychologische Komponenten ausschlaggebend seien. Was für einen Wert hätte also ein Doppelblindversuch?
Mit der Arbeitshypothese der biologischen Medizin lassen sich greifbare praktische Ergebnisse erzielen. Damit ist natürlich nicht bewiesen, daß sie von einer richtigen Theorie ausgeht. Ein Versuch, diese zu beleuchten, wurde schon vor 25 Jahren von dem Deutschen F. Sander gemacht. Durch Urin- und Magensaftanalysen bewies er, daß es außer den Blutbahnen irgendwo im Körper – wahrscheinlich im Bindegewebe – ein Gewebe geben muß, das bei den chronisch Kranken weitaus mehr imstande ist, einen zufälligen Basenüberschuß zu binden als bei Gesunden. Am ehesten läßt sich das damit erklären, daß das Bindegewebe des Kranken einen verhältnismäßigen Überschuß an sauren Stoffwechselprodukten enthält, die der Körper nicht zu bewältigen vermag. Wenn der Kranke nun mit »Saftdiät« behandelt wird, die zu einem großen Basenüberschuß führt, vermindert sich allmählich die Fähigkeit des Gewebes, Basen zu binden. Das deutet darauf hin, daß sich die sauren Produkte bei einer solchen Behandlung vermindern. Infolgedessen bessert sich der Zustand des Kranken.[2])

In vielen Ländern muß ein Heilmittel von den Gesundheitsbehörden zugelassen werden, bevor man es auf den Markt bringen und anwenden darf. In der Praxis heißt das, daß mit dem Doppelblindversuch bewiesen worden ist, daß das betreffende Heilmittel wirksamer ist als das Scheinmedikament.
Nun wird man wohl annehmen, daß auch die sogenannten biologischen Heilmittel diese Probe bestehen müssen, bevor sie behördlich zugelassen werden. Bei den biologischen Heilmitteln wird jedoch oft vorausgesetzt, daß andere Behandlungen »den Weg bereitet« und die Wirkung des Heilmittels eingeleitet haben. Bei der Prüfung biologischer Heilmittel ist es außerdem schwer, eine Gruppe von Patienten zu finden, die gerade mit dem fraglichen Mittel behandelt worden ist. Konstitution, Veranlagung und Allgemeinzustand können die Wahl des Heilmittels beeinflussen und in viel größerem Ausmaß unerwartete Effekte bewirken als bei den unmittelbareren Reaktionen auf ein synthetisches chemisches Präparat.
Schon die Zulassung eines »gewöhnlichen« Heilmittels erfordert viele Hilfsquellen in Form von Geld, qualifizierten Arbeitskräften und geeigneten Patienten. Wieviel mehr würde es da kosten, ein biologisches Heilmittel zu prüfen, das oft individuelle Patienten und zusätzliche Behandlungsmaßnahmen erfordert. Außerdem ist eine Bedingung für die Registrierung eines Heilmittels eine hohe Abgabe. Alle diese verschiedenen Auflagen machen es den Ärzten, die sich für biologische Heilmethoden interessieren, fast unmöglich, ihre Heilmittel zu dokumentieren. Mit Zuschüssen seitens der chemischen Industrie können sie gewiß nicht rechnen.
Läßt man es vielleicht gelten, daß die isolierte Wirkung eines Heilmittels oder einer Heilmethode nicht zu prüfen ist, wenn sie Bestandteil einer Totalbehandlung ist? Interessiert man sich vielleicht statt dessen für das Gesamtergebnis (auch wenn es nicht darum geht, zu ergründen, in welchem Maße das Heilmittel, die psychologische Wirkung, die Diät usw. zum Erfolg beigetragen haben)? Vielleicht läßt sich diese Frage gar nicht beantworten. Vielleicht verstärkt die eine Maßnahme die Wir-

kung der anderen? In diesem Falle kann eine isolierte Maßnahme – zum Beispiel die Verabreichung eines Heilmittels – bedeutungslos sein, wenn man nicht den Zusammenhang betrachtet.
Manchmal kann man bei biologischen Heilmitteln auch mit den üblichen Methoden arbeiten. Es traf sich einmal so glücklich, daß ich Gelegenheit hatte, ein biologisches Heilmittel zu untersuchen, das von einer kapitalstarken Industriefirma im Ausland hergestellt werden sollte. Die Gesellschaft konnte es sich leisten, die Untersuchungen durch qualifizierte Forscher vornehmen zu lassen. So vermochte ich die erforderlichen Unterlagen zu beschaffen, die ich für die Zulassung in Schweden benötigte. Das Mittel bewies seine Ungefährlichkeit und seine Wirkung beruhte darauf, daß es die Widerstandskraft des Körpers anregte. Bei Doppelblindversuchen zeigte es sich unter anderem, daß es Gewichtsverlust und Blutarmut verhinderte und zusammen mit Strahlenbehandlung das Wachstum bösartiger Geschwülste zum Stillstand brachte.

Langzeitkontrolle

Ein geglückter Versuch mit biologisch medizinischer Behandlung führt oft dazu, daß sich der Patient selbst helfen kann. Er braucht dann nicht mehr zum Arzt zu gehen.
Nach einem mißglückten Versuch geht der Patient in der Regel wieder zu seinem Arzt. Dieser bekommt also nur die erfolglosen Fälle zu sehen. Kein Wunder, daß manche Ärzte sagen: »Ich habe nur schlechte Ergebnisse dieses Naturheilmittels gesehen, wenigstens auf längere Sicht.«
Ein gutes Langzeitresultat setzt meiner Erfahrung nach mehrere günstige Umstände voraus. Die wichtigsten sind:
1. Der Patient muß die Behandlungsgrundsätze, die er befolgen soll, verstehen und akzeptieren.
2. Der Patient oder seine Angehörigen lernen die Zubereitung guter und abwechslungsreicher Kost nach diesen Grundsätzen.

3. Der Patient wird von seinen Angehörigen bei dem Vorsatz, alle Anordnungen zu befolgen, unterstützt.
4. Der Patient lebt nicht unter seelischem Druck.

Der letzte Punkt ist besonders wichtig, wie das folgende Beispiel zeigt. In der rheumatologischen Klinik von Abo in Finnland wurden hundert Rheumapatienten psychiatrisch untersucht.

Bei 55 Frauen stellte man einen Zusammenhang zwischen schwerer psychischer Konfliktsituation und dem Ausbruch der rheumatischen Erkrankung fest. In diesen Fällen begann die Erkrankung heftig mit plötzlich einsetzenden starken Schmerzen.

In den übrigen 45 Fällen verlief der Anfang langsamer, man stellte kein zeitliches Zusammentreffen mit Gefühlskonflikten fest, statt dessen erbliche Belastung mit langsam verlaufendem Rheumatismus.

Psychische Faktoren bei Gicht und Rheumatismus

Nach langjähriger Arbeit mit Rheumatikern wurde auch mir klar, daß bei Gicht psychische Faktoren mitspielen. Bei eingehenderer Analyse ließ sich sogar in den meisten Fällen ein psychosomatischer Zusammenhang nachweisen. Kann man nun bei Rheumatikern den Krankheitsverlauf durch psychotherapeutische Behandlung beeinflussen? Aber sie ist kostspielig, und nicht jeder kann sie sich leisten. Doch könnte ein Versuch von großem theoretischem Interesse sein.

Ich hatte selbst die Möglichkeit, zehn Rheumatiker auf diese Weise zu behandeln. Sie alle hatten auf die somatische Behandlung nicht genügend reagiert.

Sieben stellten sich für einen Versuch zur Verfügung. Sechs von ihnen litten unter langjährigen schweren Beschwerden durch chronischen Gelenkrheumatismus. Der siebente hatte ein rheumatisches Rückenleiden. Alle leugneten, seelisch belastet zu sein. Sie schienen in dieser Hinsicht tatsächlich normal zu sein.

Die Patienten wurden von einem erfahrenen Psychotherapeu-

ten behandelt. Er hielt mit ihnen jede Woche eine zweistündige Sitzung ab, in der sie ihm ihr Leben und ihre Erlebnisse schilderten. Nur im Sommer wurde eine Pause eingeschaltet.
Fünf Patienten wurden zwei bis drei Jahre behandelt. Zwei gaben es nach einem Jahr auf, der eine, weil er nach Afrika übersiedelte, der andere, weil er die Behandlung nutzlos fand.
Die Schweigepflicht gebietet, daß ich hier nur von der gesamten Gruppe berichte. Bestimmte Symptome herrschten bei allen vor, so daß es nicht notwendig ist, auf die Fälle im einzelnen einzugehen. Ich fasse zusammen:
Auffallend war, daß die Beziehungen zu den Eltern getrübt waren, entweder in akuter Form oder unterschwellig seit langer Zeit. In der Jugend hatte es ihnen an Liebe, Geborgenheit, Bestätigung, Vertrauen, Kommunikation und Gedankenaustausch gefehlt; sie hatten unter Zurechtweisungen, Strafen und Verständnislosigkeit gelitten.
Die schweren Gefühlsstörungen führten dazu, daß sie als Erwachsene kein Selbstvertrauen hatten und in eine Einstellung zurückfielen, die Kindern vor der Pubertät eigen ist. Zum Beispiel ertrugen sie keine Enttäuschungen, fühlten sich Anforderungen nicht gewachsen, konnten sich nicht längere Zeit konzentrieren und suchten aus ihrer Krankheit Vorteile zu gewinnen, neigten zu Egoismus und Mitleid mit sich selbst, waren neidisch, schreckhaft und gefielen sich darin, von anderen abhängig zu sein und sich passiv zu verhalten.

Menschen, die auf solche Weise der Verantwortung ausweichen, können ihre Schwierigkeiten nicht auf normale Weise überwinden. Statt dessen flüchten sie in Neurose, Depression oder Trunksucht. Bei Rheumatikern verschlimmert sich der Krankheitszustand, da sie nicht imstande sind, eine Gegenwehr aufzubieten.
Über diese Beurteilung sprach ich mit einem alten Rheumatologen von lebenslanger Erfahrung mit Rheumakranken, worauf er prompt sagte: »Ja, zu dieser Schlußfolgerung bin ich auch gekommen – ohne Hilfe eines Psychoanalytikers. Ich sage immer, die Kranken weinen sich mit ihren Leiden aus.« Wie das zugeht – vielleicht über nervös-hormonale Mechanismen

–, weiß man nicht. Sowohl der Psychotherapeut als auch der alte Rheumatologe haben nur das Endergebnis festgestellt.

Wie ging es nun bei den sechs Patienten weiter? Nützte ihnen die Behandlung bei ihrer Lebenslage und ihren psychologischen Schwierigkeiten?

Fünf von ihnen wurden so lange behandelt und nahmen so aktiv daran teil, daß sie selbst einen Einblick in ihre psychologische Konfliktsituation gewannen. Vier hatten die seelische Kraft und die praktischen Möglichkeiten, sich daraus zu befreien. Der eine war der Mann, der nach Afrika übersiedelte, wo er eine interessante und befriedigende Arbeit fand. Er schrieb mir, er sei ein neuer Mensch geworden, und es gehe ihm gesundheitlich viel besser.

Die drei anderen konnte ich persönlich untersuchen. Ihr Krankheitszustand hatte sich radikal gebessert. Vor der psychologischen Behandlung hatten sie an vielen Gliedern unter Spontan- und Bewegungsschmerzen gelitten. Sie hingen von Medikamenten ab und waren von ihrer Krankheit »gezeichnet«. Jetzt aber betrachteten sie sich selbst als gesund. Sie waren weitaus arbeitsfähiger als früher, und nur bei Überanstrengung und bei Wetterumschlag machten sich leichte Schmerzen an einzelnen Gliedern bemerkbar. Die Senkungsreaktion war fast normal.

Eine interessante Beobachtung: Zwei dieser drei fast geheilten Patienten nahmen regelmäßig ein Heilmittel, daß gemäß Doppelblindversuch bei Rheumatismus wirkungslos ist. Sie haben mehrmals versucht, das Medikament abzusetzen. Jedesmal traten Schmerzen und Schwellungen von neuem auf. Bei dem einen verschlimmerte sich der Zustand plötzlich, obwohl er die Tabletten einnahm. Bei näherer Untersuchung zeigte es sich, daß er versehentlich ein anderes Mittel eingenommen hatte, dem der aktivste Bestandteil fehlte. Sobald er die »richtigen« Tabletten einnahm, besserte sich sein Zustand wieder. Das deutet auf ein Zusammenwirken von psychologischen Faktoren und Heilmitteln hin. Daß das Heilmittel an sich keine Besserung bewirkt, beweist der Doppelblindversuch, und daß die psychologische Behandlung allein nicht genügt, ist ebenfalls erwiesen. Offenbar sind beide Maßnahmen notwendig.

Wenn ein Glied in der Kette fehlt, ist das Ergebnis negativ. Auch der fünfte Patient führte die analytische Psychotherapie mit voller Einsicht durch; aber er konnte sich aus der Konfliktlage nicht befreien. Sein Krankheitszustand blieb gleich wie vor der Behandlung.

Bei dem sechsten Patienten, der mit der psychoanalytischen Behandlung nach einem Jahr aufhörte, weil sie ihm zu mühsam war, spürte der Psychotherapeut einen starken inneren Widerstand. Bei diesem Patienten verschlimmerte sich der Krankheitszustand weiter.

Der siebente schließlich – der Patient mit dem rheumatischen Rückenleiden – wurde nur teilweise Herr seiner Konflikte, ohne sich ganz davon befreien zu können. Während der zweijährigen Behandlung blieb ich mit ihm in Berührung und stellte eine erhebliche Besserung des Krankheitszustandes fest.

Umdenken ist notwendig

Unsere technische Kultur erfordert ein Umdenken. Wir haben uns festgefahren und es versäumt, eine umweltfreundliche Technik zu schaffen. Das gilt auch für die Entwicklungsmöglichkeiten in der Medizin. Es stimmt nicht, daß sich die Volksgesundheit dadurch gebessert hat, daß jedes Jahr viele neue chemische Heilmittel auf den Markt kommen, deren Herstellung Unsummen verschlingt. Darüber werden sich immer mehr Leute klar.

Das schwedische Reichsamt für Soziale Angelegenheiten zeigte sich dieser Meinung zugänglich, als es 1974 das Ministerium um eine grundsätzliche Stellungnahme zur klinischen Prüfung »unorthodoxer Behandlungsmethoden« – unter anderm auch der biologischen Medizin – ersuchte.

Vom »forschungsökonomischen« Standpunkt aus ist es natürlich durchaus richtig, übereinstimmende Angaben über gute Behandlungsergebnisse zu berücksichtigen, auch wenn die Methoden »unorthodox« sind und nicht in den Rahmen der konventionellen Schulmedizin passen.

Ob und wann derartige Untersuchungen angebracht sind, sollte davon abhängig gemacht werden, daß das Ergebnis positiv ist. Um solche Ergebnisse zu erzielen, müssen kompetente Forscher eingesetzt werden, die nicht nur die Voraussetzungen der biologischen Medizin erfaßt haben, sondern sich auch darauf verstehen, die Möglichkeiten voll auszuschöpfen.

Literatur

1) E. Lindberg: Können Ernährungsfaktoren die chronische Polyarthritis beinflussen? Zeitschrift für Physiotherapie 25: 119/29, 1973.
2) F. Sander: Der Säure-Basenhaushalt des menschlichen Organismus. Hippokrates Verlag, Stuttgart, 1953.

6

FRANS CARLGREN

(unter Mitarbeit von SUNE NORDWALL)

Eine medizinische Alternative

Nach einem Vortrag über Gesundheitsfragen, den Rudolf Steiner im Januar 1920 in Basel hielt, ergriff einer der Zuhörer die Initiative für den »ersten medizinischen« Kurs für Ärzte, Pharmazeuten und Medizinstudenten. Im folgenden Jahr hielt Steiner eine Reihe Vorträge über Heilkunst vor einem Publikum, das größtenteils aus Fachleuten bestand. Daraus erwuchs eine ganze Bewegung anthroposophisch orientierter Medizin mit eigenen Forschungslaboratorien, Kliniken und Arzneimittelfabriken, von denen die meisten in der Schweiz und in Deutschland liegen. Heute gibt es 700 Ärzte, die dem internationalen Ärzteverband für anthroposophische Heilkunst angehören.

Die von Rudolf Steiner vorgeschlagenen Methoden sollen nicht als Ersatz für die übliche Schulmedizin gelten, sondern bieten die Möglichkeit, sie zu umgehen. Es handelt sich also um eine Arbeitsweise, die nur von fachkundig ausgebildeten Akademikern praktiziert werden kann.

Von der Geschichte des Krankheitsbegriffes

Die Ansicht über Krankheiten und Krankheitsursachen hat sich im Lauf der Geschichte stark geändert und zeugt von einer durchgreifenden Wandlung in unserem Weltbild und unserer Auffassung vom Menschen. Lange Zeit wurden Krankheiten

als Heimsuchung betrachtet, die man sich mit dem Zorn der Götter über Missetaten erklärte, bis man dazu gelangte, den Blick immer ausschließlicher auf den Menschen selbst zu richten. Nach dem Durchbruch der modernen Naturwissenschaften begann man erst recht damit, die rein physischen Krankheitsursachen im menschlichen Körper zu suchen, zuerst in Organen und Geweben (Morgagni und Bichat im siebzehnten Jahrhundert), dann in Zellen und Zellteilen (Virchow im achtzehnten Jahrhundert) und heutzutage auf molekularer, submolekularer und auch chemischer Ebene.
Die Entwicklung hat es ermöglicht, Krankheiten mit spezifischen strukturellen und funktionellen Veränderungen in dem als Apparat aufgefaßten Organismus in Verbindung zu bringen. Sie hat auch zu einer bisher nie erlebten Ausweitung des medizinisch-technologischen Wissens und einer entsprechend wirksamen Behandlung vieler Krankheiten geführt. Aber gleichzeitig sind unsere Anschauungen in eingleisige Bahnen gelenkt worden. Die Methoden, Krankheitsprozesse aus höherer Perspektive zu studieren und zu behandeln, sind nicht in entsprechendem Maße entwickelt worden. Diese Lücke wurde besonders erkennbar, als man später gegen ganz gewöhnliche, aber schwer definierbare Krankheitszustände (unter anderem gegen die sogenannten Systemerkrankungen) Abhilfe schaffen wollte.

Ein neues »Krankheitsmodell«?

Aufgrund dieser Erfahrungen suchten immer mehr Forscher neue, aufs System ausgerichtete Gedankenmodelle. Der österreichische Biologe Leopold von Bertalanffy, Begründer der allgemeinen Systemtheorie, spricht von gestaltenden, übergreifenden Gefügegesetzlichkeiten, die es in der Welt der Organismen gibt, die aber offenbar nicht identisch sind mit den chemisch-physikalischen Gesetzmäßigkeiten. Er betont jedoch, daß es sich dabei um »Gesetzestypen« handelt, von denen wir heute nur unklare Vorstellungen haben. Ein Beispiel bringt Torsten Sjövall in seinem Buch »Läkaren och samhället« (»Der Arzt und die Gesellschaft«), 1968. Er verweist auf Erfahrungen, die »das Bedürfnis nach einem anderen Modell für den Krankheitsbegriff aktuell erscheinen lassen, nach einem Modell, das es in gewisser Weise schon immer neben anderen gegeben hat, aber sich nie durchsetzen konnte und vielleicht erst in späterer Zeit eine Formulierung finden wird. Danach sollte die Krankheit als ein dynamischer Prozeß aufgefaßt werden, als eine Gleichgewichtsverschiebung in dem kontinuierlichen Zusammenspiel zwischen einer ständig veränderlichen psycho-physischen Ganzheit, den Organismen, und der ständig veränderlichen Umwelt«.

In der anthroposophischen Medizin war man von Anfang an bestrebt, solche übergreifenden Gesetzmäßigkeiten zu finden und zu studieren. Zu den grundlegenden Beiträgen gehört Rudolf Steiners Beschreibung von der Beziehung zwischen dem Physischen und dem Psychischen im verschiedenartigen menschlichen Organsystem. Seiner Meinung nach besteht ein Zusammenhang zwischen Nervenprozessen und Vorstellungsleben, den rhythmischen Prozessen und dem Liebesleben sowie den Stoffwechselprozessen und dem Willensleben. Diese Funktionen kommen zwar im ganzen Körper vor, können aber hauptsächlich in drei Organsysteme gegliedert werden, die Rudolf Steiner das Nerven-Sinnessystem, das rhythmische System (Herz–Lungen) und das Stoffwechsel-Gliedmaßen-System nennt.

Dieses »Systemmodell« hat es unter anderem möglich gemacht, eine Reihe Krankheiten als das Ergebnis bestimmter Formen der Gleichgewichtsverschiebung im dynamischen Kräftespiel zwischen den verschiedenen Prozeßarten zu beschreiben. Das Modell wird in Kapitel 7 erläutert.

Neue Therapien

Neben den üblichen therapeutischen Hilfsmitteln macht sich die anthroposophische Medizin noch andere Methoden zunutze, die von Rudolf Steiner ausgearbeitet und von verschiedenen Ärzten und Forschern weiterentwickelt worden sind.

Dazu gehören Heilmittel, die aus Naturstoffen bestehen und den kranken Organismus in seiner Ganzheit als Leib-Seele-Geist-Einheit anregen, das verlorene Gleichgewicht wiederherzustellen. Diese Heilmittel gleichen mitunter stark den Präparaten, die von der homöopathischen oder von der überlieferten Volksmedizin stammen; aber oft sind sie ganz neu, hervorgegangen aus der anthroposophischen Heilkunst auf eigener wissenschaftlicher Grundlage. Sie sind allerdings nur eines der besonderen Werkzeuge, die dem anthroposophisch denkenden Arzt zur Verfügung stehen. Andere Therapien, namentlich künstlerische Beschäftigungstherapie, bei der sich der Patient selbst einsetzt, sind für den Krankheitsverlauf von ebenso großer Bedeutung.

Neue Methoden der Diagnostik

Außer den üblichen diagnostischen Hilfsmitteln bedient sich der anthroposophische Arzt vieler Testmethoden, die Rudolf Steiner und seine Mitarbeiter erarbeitet haben. Eine davon ist der Kristallisationstest. Dabei wird einer kleinen Menge Blut Pflanzensaft zugesetzt. Im Krankheitsfall erhält man Kristallisationsbilder, die mit 80- bis 90prozentiger Sicherheit bestimmten Erkrankungen zugeordnet werden können. Diese Formbildungen treten oft schon auf, lange bevor krankhafte Veränderungen im Gewebe nachzuweisen sind, so daß es möglich ist, Krankheiten, zum Beispiel manche Krebsformen, frühzeitig zu erkennen.
Die naturwissenschaftliche Erklärung, wie Heilmittel überhaupt wirken, ist auch in der Schulmedizin in vielen Fällen noch unvollständig, so daß es viele ungelöste Probleme gibt. Die anthroposophischen Testmethoden, namentlich die Kristallisationsmethode, lassen jedoch gewisse Möglichkeiten registrieren und dadurch sogar »Gefügegesetzlichkeiten« der oben angedeuteten Art verstehen. Ein weiterer Fortschritt in der Forschung ist die rein elektrochemische Analysiermethode, die es unter anderem ermöglicht, bei potenzierten Lösungen im physikalischen Bereich eine bestimmte Eigenschaft zu

erkennen. Diese Eigenschaft zeigt bei erhöhter rhythmischer Stoffverdünnung eine sogenannte Potenzierung bis zur Potenz D30. Die Konzentration des ursprünglichen Stoffes ist bei D30 ein Teil auf 10^{30} Teile der Lösung (das entspricht ungefähr einer Kaffeebohne verteilt auf die Gesamtwassermasse aller Weltmeere).[1])

Literatur

1) E. Heinz: Eine neuartige Anordnung zum Messen physikalisch-chemischer Wirkungen von Potenzieren: Das D-Element. Elemente der Naturwissenschaft, Dornach, Nr. 15, 1971.

7

CARL und STEPHANIE SIMONTON

Psychotherapie bei Krebs

Emotionelle Aspekte der Krebserkrankungen (Carl Simonton)

In der medizinischen Literatur gibt es zahlreiche Abhandlungen über den Zusammenhang zwischen seelischer Belastung und Krebs. Kein Verfasser stellt meines Wissens diesen Zusammenhang in Frage. Mir geht es hier also nicht mehr darum, inwiefern psychische Faktoren eine Rolle spielen, sondern darum, in welchem Grade und auf welche Weise sie sich auswirken. Ich möchte darum mit einem Zitat beginnen, das meine eigene Anschauung tiefgehend beeinflußt hat. Es sind die zusammenfassenden Schlußworte einer Eröffnungsrede, die der amerikanische Krebsspezialist Dr. Eugene P. Pendergrass, damals Präsident der Amerikanischen Gesellschaft für Krebsforschung, 1959 bei einem Kongreß gehalten hat:
»Jeder, der umfassende Erfahrung mit der Krebsbehandlung hat, weiß, daß es bei den Kranken große Unterschiede gibt . . . Ich selbst kann bezeugen, daß erfolgreiche Behandlungen vorkommen, die den Krebskranken erlauben, mehrere Jahre gesund zu leben. Diese meine Patienten unterstanden einer seelischen Belastung – zum Beispiel ein Mann, dessen Sohn im Zweiten Weltkrieg gefallen war, ein anderer, der unter der Untreue seiner Frau litt, wieder ein anderer, der längere Zeit arbeitslos war. Seelische Belastung scheint Faktoren hervorzurufen, die dazu beitragen, daß die Krankheit ausbricht und sogar zum Tod führt. Andererseits läßt es sich belegen, daß der Verlauf der Krankheit im allgemeinen ebenfalls von psychischen Faktoren bestimmt wird . . . Wir Ärzte müssen also Wert dar-

auf legen, daß der Patient einer Totalbehandlung unterzogen wird. Wir müssen lernen, wie wir alle Funktionen des Körpers beeinflussen und dadurch das Wachstum des Tumors im Körper verändern können. Bei der Suche nach neuen Wegen, die zur Kontrolle über das Zellenwachstum führen, wird man, wie ich hoffe, auch Möglichkeiten finden, zu beweisen, daß der Mensch über seelische Kräfte verfügt, mit denen er die Entwicklung der Krankheit beschleunigen oder hemmen kann.«

Aus persönlicher Erfahrung mit Krebstherapie betrachte ich den Verlust eines geliebten Menschen als vorherrschenden Faktor bei der Entwicklung der Krankheit, und zwar belegen die mir zur Verfügung stehenden Krankheitsgeschichten, daß sechs bis achtzehn Monate nach einem solchen Verlust der Ausbruch der Krankheit festzustellen ist. Bemerkenswert ist, daß natürlich nicht jeder Verlust eines nahestehenden Menschen Krebs oder eine andere schwere Krankheit nach sich zieht. Dies ist nur bei Personen der Fall, die einem Gefühl der Hilflosigkeit und Hoffnungslosigkeit unterliegen. Dieses Gefühl kann also das ganze Leben des Menschen verändern.

Die Krebspersönlichkeit

Amerikanische Forscher haben bei der Entwicklung von Herzkrankheiten ein bestimmtes Persönlichkeitsschema festgestellt. Meiner Meinung nach lassen sich bei allen Krankheiten seelische Faktoren zur Prädisposition finden. Als solche Faktoren, die für die Persönlichkeit des Krebskranken kennzeichnend sind, können die folgenden Eigenschaften angesehen werden:

1. Eine starke Neigung, einen Groll zu hegen, und das ausgeprägte Unvermögen, etwas zu verzeihen;
2. Neigung zu Mitleid mit sich selbst;
3. Die Unfähigkeit, fruchtbare Beziehungen zu entwickeln und aufrechtzuerhalten;
4. mangelndes Selbstvertrauen.

Zu den wichtigsten unterschwelligen Faktoren im Leben des Kranken gehört die erfahrene Ablehnung – wenn er das Gefühl hatte, von einem Elternteil oder beiden Eltern nicht anerkannt zu werden und infolgedessen eine negative Lebenseinstellung gewann, die bei Krebskranken oft zu finden ist. In gewissem Maße haben wir alle diese Eigenschaft, denn fast jeder fühlt sich irgendwann einmal im Leben zurückgesetzt. Aber der springende Punkt ist die Erkenntnis und richtige positive Selbsteinschätzung. Wer sich jedoch seines Problems nicht bewußt wird, kann schwerlich eine Veränderung herbeiführen. Leider verhält es sich nun so, daß es dem Kranken widerstrebt, das grundlegende Problem zu betrachten. Beim Herzkranken spielt es erwiesenermaßen eine große Rolle, wie er auf Streß reagiert. Wenn wir annehmen, daß das auch für Krebs gilt – wofür alles spricht –, dann ist es für den Krebskranken besonders wichtig, einzusehen, daß er als Persönlichkeit prädisponiert ist.

Einstellung des Kranken, der Angehörigen und des Arztes

Wie kann man das Persönlichkeitsschema verändern? Zugegeben, das ist eine sehr schwere und verantwortungsvolle Aufgabe. Es müssen ja Verhaltensformen in Erwägung gezogen werden, die viele Menschen ihr Leben lang nie in Frage stellen. Betrachten wir einmal die drei wichtigsten Faktoren, die der Ansicht des Kranken über sich selbst zugrunde liegen. Der eine ist seine eigene Einstellung, der zweite die Einstellung seiner Angehörigen und seiner nächsten Umgebung, der dritte die Einstellung des Arztes.

Meines Erachtens ist die eigene Einstellung zur Krankheit, zur Behandlung und zu sich selbst ein sehr wichtiger Faktor, der für das, was sich während und nach der Behandlung im Körper vollzieht, von entscheidender Bedeutung ist. Die meisten Kranken betrachten Krebs als ein Leiden, das zum Tod führt, und halten eine Bekämpfung für hoffnungslos. Sie sind der Behandlung gegenüber negativ eingestellt, mag es sich um Bestrahlungstherapie, Chemotherapie oder Operation handeln. Es ist mir unverständlich, wie ein intelligenter Mensch nicht einsehen kann, daß zwischen dem Glauben an den Erfolg einer Behandlung und dem Ergebnis ein Zusammenhang besteht.

Daß dies der Fall ist, haben psychologische Experimente bewiesen.
Dieses Mißtrauen rührt allerdings nicht zuletzt vom mangelnden Selbstvertrauen des Krebskranken her. Der Unglaube an sich selbst wirkt sich auf den Krankheitsverlauf und seine Reaktion auf die Behandlung aus. Darum muß dieser wichtige Faktor frühzeitig einkalkuliert werden, wenn der Krankheitsverlauf beeinflußt werden soll. Die meisten Kranken betrachten sich als ein Opfer der Krankheit, anstatt ihr bewußt entgegenzuwirken. Sie wissen überhaupt nicht, daß sie selbst zur Besserung beitragen können.
Die Angehörigen sollten über die seelischen Zusammenhänge aufgeklärt sein, da ihre Einstellung ebenfalls eine große Rolle spielt und gegebenenfalls revidiert werden muß. Mit positivem Denken, ehrlich überzeugt, können sie dem Kranken zur Einsicht verhelfen. Das gleiche gilt natürlich für das Pflegepersonal. Der Kranke hat ein feines Sensorium für die Einstellung seiner Umgebung und wird dadurch stark beeinflußt.
Auch die Haltung des Arztes ist wichtig. Mancher weiß zu wenig von der Fähigkeit und Möglichkeit des Kranken, sein Leiden zu beeinflussen. Ein großes Problem ergibt sich, wenn es dem Arzt gleichgültig ist, ob sich der Patient selbst aufgibt. Ich selbst habe viele Krebsspezialisten äußern hören, es sei »nichts zu machen«. Für mich ist das ein sicheres Zeichen, daß sie nicht wissen, was der Kranke an Selbsthilfe zu leisten vermag, und wie wichtig ihre Einstellung für ihn ist.

Einstellung des Kranken und Ergebnis der Therapie

Im Jahr 1971 beschloß ich, zwei Untersuchungen zu machen, die schon früher vorgenommen worden waren. Sie betrafen die Reaktion auf die Behandlung von Patienten mit verschiedenen persönlichen Eigenschaften und Einstellungen. Bei der Untersuchung ging es darum, daß fünf Krankenpfleger nach beendigter Behandlung ein Gutachten über jeden Patienten erstellten, und zwar im Hinblick auf die doppeltpositive bis doppeltnegative Einstellung, dem ihre eigenen klinischen Erfahrungen zugrunde lagen. Jeder von ihnen mußte auch die Behandlung beschreiben, ebenfalls aufgrund der eigenen Erfahrung, und das Ergebnis notieren. Als wir dann den Durchschnitt errechneten, stellten wir fest, daß die Kranken mit positiver Einstellung auf die Behandlung gut, hingegen diejenigen mit negativer Einstellung schlecht angesprochen hatten. Von 152 Krebskranken fielen während der achtzehnmonatigen Beobachtungszeit nur zwei nicht in die festgesetzten Kategorien.

Einstellung

Ergebnis	- -	-	- +	+	+ +	zusammen
ausgezeichnet	-	-	-	11	9	20
gut	-	2	34	31	-	67
ziemlich gut	-	14	29	-	-	43
schlecht	2	17	3	-	-	22
zusammen	2	33	66	42	9	152

Das waren 152 aufeinanderfolgende Fälle im Krankenhaus. Von den 20 Patienten, bei denen sich ausgezeichnete Behandlungsresultate ergaben, hatten 14 eine weniger als fünfzigprozentige Aussicht, nach fünf Jahren vollständig geheilt zu sein. Wir stellten fest, daß der Erfolg mit der Einstellung zusammenhing, nicht mit dem Schweregrad der Krankheit.

Es muß betont werden, daß dies in der geschützten Atmosphäre einer Klinik erfolgte. Die Zahlen änderten sich, als die Patienten in eine andere Umgebung kamen. Viele, die sehr negativ gedacht hatten und täglich behandelt worden waren, änderten nach beendigter Behandlung ihre Einstellung. Sie sagten, sie hätten zuerst nichts von dem Gerede gehalten, daß sie positiv denken und sich vorstellen müßten, sie würden wieder gesund werden. Nach der Behandlung kam jedoch der Wendepunkt, sie sahen die Lage aus einer anderen Perspektive und glaubten an eine Genesung. Viele Schwerkranke waren in der geschützten Atmosphäre durchaus positiv gewesen, doch nach der Rückkehr ins eigene Heim änderten sie sich, und wir beobachteten eine Verschlechterung ihres Zustands. Aber es war ja beabsichtigt, die Kranken unter kontrollierten Bedingungen zu beobachten. Ich nahm diese Studie vor, um zu sehen, wie sich das Ergebnis im Vergleich zu ähnlichen Untersuchungen verhielt, und ich stellte augenfällige Übereinstimmung fest. Aber ich lernte dadurch noch etwas anderes.

Zielsetzung – ein wirksames Werkzeug

Manche Krebskranke werden ohne Behandlung gesund. Wenn wir solche Fälle der Spontangenesung oder ungewöhnlich guter Reaktion auf Behandlung betrachten und untersuchen, was sie alle gemeinsam haben, wird erkenntlich, daß alle diese Kranken eine klare Vorstellung von ihrer Gesundung haben. Analysiert man nun, was sie in der Zeit zwischen der Diagnose und der Genesung ohne Behandlung gefühlt und gedacht haben, so ergibt sich, daß sie alle das gleiche Ziel anvisiert haben. Dabei kann es sich um ein geistiges Erlebnis handeln, um eine Art Glaubensheilung. Hauptsache ist jedoch, was sie sich und wie sie es sich vorgestellt haben. Sie waren ganz positiv, gleichviel wodurch veranlaßt, als ob sie sich ein Bild von dem Geschehen gemacht hätten.

So ergeht es mir auch mit meinen Patienten. Aus ihrer Betrachtungsweise ersehe ich, wie sie behandelt werden müssen und inwieweit sie imstande sind, ihre Krankheit selbst zu bekämpfen. Wenn ich nur die Möglichkeit habe, die Einstellung des Patienten zurechtzurücken, muß ich beobachten, unter welchen Umständen sein Lebenswille erlahmt und welche Vorstellungen er hegt. Das sagt mir viel mehr als alles, was er mir berichtet, da er ja nicht weiß, worum es mir geht. Allzu oft stellt er sich den Krebs als unbesiegbare Gewalt vor, die Behandlung hingegen ohnmächtig. Seine eigene Widerstandskraft, die so gut wie nicht vorhanden ist, muß wieder in Gang gesetzt und zum Arbeiten gebracht werden. Bei mangelnder Widerstandskraft muß ergründet werden, warum sich der Patient ein negatives Bild von seiner Krankheit, von der Behandlung und von sich selbst macht. Dann ist es möglich, seine Einstellung zu än-

dern und sie eine wichtige Rolle spielen zu lassen, wenn es gilt, die Fähigkeit des Körpers, Krankheiten zu bekämpfen, bewußt zu machen.
Schon im Frühstadium weise ich den Kranken auf die besten Behandlungsergebnisse hin. Er soll sich von den Möglichkeiten ein klares Bild machen. Ich zeige ihm Dias, die ihm die besten Resultate verdeutlichen, auf die ich mich stützen kann. Dann sieht er, welche Möglichkeiten der Körper hat, die Krankheit zu bekämpfen, ohne daß sich die geringsten Nebenwirkungen ergeben.
Meine Frau Stephanie, die auch meine Mitarbeiterin ist, geht im folgenden auf die Einzelheiten unserer Arbeit ein, die darauf abzielt, dem Patienten klarzumachen, welche Rolle in der Beeinflussung des Krankheitsverlaufes er selbst spielt.

Praktische Erfahrungen mit unserer Psychotherapie (Stephanie Simonton)

Die Behandlung ist bei den einzelnen Patienten verschieden. Zuerst müssen wir die Einstellung des Kranken ergründen und unsere Behandlung danach richten, um nicht in Konflikt mit ihr zu geraten. Eine Abwehr oder Trotzhaltung des Patienten würde seinen Zustand verschlechtern.
Wir führen unsere Privatpraxis zusammen mit einem Radiotherapeuten. Zum größten Teil werden uns die Patienten von anderen Ärzten überwiesen, wie es bei allen Krebsspezialisten der Fall ist. Sie machen ungefähr 80 bis 90 Prozent unserer Patienten aus. Wir behandeln sie sowohl medizinisch (mit Radiotherapie, Chemotherapie oder was wir sonst für angebracht halten) als auch psychotherapeutisch. Die meisten wissen nicht im voraus, daß sie neben der gewöhnlichen Strahlentherapie psychotherapeutisch behandelt werden. Das heißt, sie kommen nicht mit einer vorgefaßten Meinung über die bevorstehende Behandlung zu uns und haben keinen Grund, sich zu sperren. Früher wurden die neu eingewiesenen Patienten vorher davon unterrichtet, doch das rief ihren Widerstand wach. Sie nahmen nicht an Gruppentherapie teil, wendeten die von

uns empfohlene Entspannungs- und Zielsetzungstechnik nicht an. Viele weigerten sich nicht nur, mit uns über die psychologischen Aspekte ihrer Krankheit zu sprechen oder uns mit ihren Angehörigen sprechen zu lassen, sondern gingen sogar wieder zu ihrem früheren Arzt und baten um Zuweisung eines anderen Spezialisten. Das war für mich zuerst ein Schock, aber mit der Zeit lernte ich es verstehen. Man muß in Betracht ziehen, daß die meisten unserer Patienten nicht sehr gebildet sind.

Beginnen wir mit den Patienten, die im Augenblick gar nicht mehr krank sind. Sie können zwei bis drei Jahre gesund gewesen sein und suchen bei uns Hilfe, weil sie an einer ernsten Folgeerscheinung des Krebses leiden, an Angst. An Angst vor einem Rückfall. Nehmen wir das folgende Beispiel. Ein Mann hatte einen »Tennisarm«, bevor er an Krebs erkrankte. Aber wenn er einmal Krebs gehabt hat, wird dieser Tennisarm gleichbedeutend mit Furcht vor Metastasen. Jedesmal, wenn er weh tut, fragt sich dieser Mensch, ob dort wohl eine neue Krebsgeschwulst wächst. Er bedarf einer praktischen Technik, mit den Schmerzen fertig zu werden, zumal ja psychische Faktoren wie Angst zur Erkrankung beitragen.

Ein kleiner Teil unserer Patienten kommt von auswärts nur zur Psychotherapie zu uns und läßt sich zu Hause medizinisch behandeln – oder auch nicht. Sie glauben selbst, daß bei ihnen eine psychologische Komponente vorliegt, und wollen lernen, wie sie den Verlauf ihrer Krankheit aktiv steuern können. Es ist eine dankbare Aufgabe mit ihnen zu arbeiten. Gelegentlich kommt es sogar vor, daß sie uns selbst einen Hinweis geben, wie sie aufzumuntern sind und wie man ihnen zur Einsicht verhelfen kann.

Hinter unserer Behandlung steht der Gedanke, daß es den Patienten offenbar am schwersten fällt, sich mit unserer Auffassung von der Krankheit anzufreunden und die persönliche Verantwortung zu übernehmen. Das ist tatsächlich schwer. Aber gerade die Auffassung, daß der Mensch seiner Krankheit nicht einfach ausgeliefert ist, sondern effektiv Einfluß auf seinen Körper hat, kann ein Trost sein. Um wirklich einzusehen, daß der Mensch die Widerstandskraft seines Körpers psychisch zu beeinflussen vermag, muß er begreifen, daß Körper und Seele ein Ganzes bilden und nicht getrennt werden können – daß sowohl psychische als auch physische Faktoren zur Entwicklung der Krankheit beitragen. Wer sowohl die psychologischen als auch die physiologischen Ursachen der Krankheit erfaßt, erhält eine klarere Einsicht in die Zukunft und sein eigenes Verhalten.

Die häufig vertretene Meinung, Verantwortung sei das gleiche wie Schuld, ist eine der Ursachen unserer Unfähigkeit als Gesellschaft, die psychischen Aspekte der Krankheit in den Griff zu bekommen. Wir wollen dem Patienten verständlich machen, daß es so ist, als verweigere man dem Körper die Nahrung, wenn man glaubt, man müsse sterben. Wir brauchen aber nicht nur Nahrung, Kleider und ein Dach über dem Kopf, sondern haben auch seelische Bedürfnisse, die ebenso wirklich und greifbar sind, und wenn sie nicht befriedigt werden, verliert das Leben seinen Sinn, wir werden lebensmüde. Wir erkennen nicht, daß wir uns schuldig gemacht und uns an der Seele, deren Bedürfnisse nicht befriedigt worden sind, versündigt haben. Das versuchen wir dem Patienten durch die Einsicht in die sogenannten sekundären Vorteile der Krankeit verständlich zu machen. Er soll sich darüber klar werden, welchen Verlauf sein Leben genommen hätte, wenn er nicht krank geworden wäre. Das ist der Schlüssel zum sekundären Krankheitsgewinn.

Nehmen wir als Beispiel eine Frau mit Brustkrebs. Ein paar Jahre vor ihrer Erkrankung war ihr Kind plötzlich erwachsen, verließ die Schule und begann sein eigenes Leben zu führen. Ihr Mann war von seinem Beruf stark in Anspruch genommen, und sie kam sich auf einmal überflüssig vor. Als sie erkrankte, bezeigte ihr Mann ihr eine Aufmerksamkeit wie seit Jahren nicht mehr, denn das brauchte sie. Wir aber versuchen ihr klarzumachen, daß die Krankheit für sie die einzige Möglichkeit war, diesen sekundären Vorteil, die Zärtlichkeit, zu erlangen. Wir verhelfen ihr dazu, gesündere Mittel zu verwenden, um die seelische Stütze zu finden, die sie braucht. Es ist nicht beabsichtigt, daß der Patient zuerst gesund wird und dann wieder ein normales Leben führt, sondern der Erfolg ist sicherer, wenn beides gleichzeitig geschieht.

Das erinnert mich an eine ungewöhnliche Lage bei einer unserer Gruppentherapie-Zusammenkünfte, an der zwei Patienten mit fast gleichem Krankheitsbild teilnahmen. Es waren ungefähr gleichaltrige Männer, die an Lungenkrebs litten, der sich aufs Gehirn ausbreitete. Der eine war seit über einem Jahr krank, hatte aber seine Arbeit immer nur ein paar Stunden ruhen lassen, wenn er zur Behandlung gehen mußte. Im Frühstadium hatte er angefangen, mehr Zeit zu Hause zu verbringen. Er erzählte, er habe wieder gelernt, Bäume, Blumen und Gräser zu betrachten.

Der zweite gab seinen Beruf auf, sobald er erfuhr, daß er krebskrank war. Er saß den ganzen Tag vor dem Fernseher. Er sah nur auf die Uhr, um festzustellen, ob es für seine Frau Zeit wurde, ihm seine Medizin zu geben. Im Gegensatz zu seinem Leidensgenossen hatte er Schmerzen und konnte sich nicht einmal aufraffen, angeln zu gehen, was früher seine Leidenschaft gewesen war. Er starb kurz nach seiner Einlieferung. Dem anderen ging es von Tag zu Tag besser. Diesen beiden wurde die gleiche medizinische Behandlung zuteil, und ihr Zustand war derselbe. Der Unterschied lag in ihrer Einstellung und in der Art und Weise, wie sie auf ihr Schicksal reagierten. Dieses Beispiel ist durchaus kein Einzelfall.

Als wir mit unserer Psychotherapie begannen – gestützt auf die Theorie, daß Krebskranke sechs bis achtzehn Monate vor Ausbruch der Krankheit ein traumatisches Erlebnis gehabt haben –, waren wir bestrebt, dem Ereignis auf den Grund zu gehen und die Lebensführung des Kranken zu ändern, damit das Dasein wieder Sinn für ihn habe. Bei unserer Gruppentherapie – vier bis fünf Wochen lang einmal in der Woche – stellten wir fest, daß es einer mehrjährigen Psychoanalyse bedarf, wenn man wirklich etwas ausrichten will. Das war natürlich frustrierend. Außerdem erkannten wir, daß nicht alle Frauen, die eine Ehescheidung durchmachen, an Krebs erkranken, auch nicht alle Männer, die in den Ruhestand versetzt werden oder in einer unglücklichen Ehe leben. Das sind nämlich die häufigsten Streßursachen. Der Streß selbst ist nicht entscheidend, sondern die Art und Weise, wie der Mensch darauf reagiert. Unser Bemühen gilt dem Ziel, dem Kranken klarzumachen, daß er sich selbst in den Griff bekommen muß. Gegen seine Gefühle kann er unter Umständen nicht an, aber es bleibt ihm die Wahl, wie er auf die Lage reagiert.

Therapiemethode

Hier nun eine kurze Beschreibung der Therapie, die wir anwenden. Die erste Woche nach der Einweisung in unsere Klinik dient der Orientierung. Der Patient kommt nach Wunsch und Laune mit Verwandten und Freunden zusammen. Er soll sich nicht in einem Vakuum fühlen. Wir mobilisieren möglichst alle Kräfte in seiner gewohnten Umgebung, indem wir seine Angehörigen frühzeitig aufklären. Manchmal bringt der Patient seine Angehörigen nur einmal mit. Der Ehepartner nimmt meistens öfter an den Besprechungen teil. Dabei erklären wir, daß wir die Krankheit als Zusammenspiel zwischen Körper und Seele auffassen, bei der der Einstellung des Patienten eine wichtige Rolle zukommt. Wir lehren eine Technik der Entspannung und Zielsetzung. Man könnte sie als Biofeedback ohne Apparatur bezeichnen oder auch Meditation oder autogenes Training – es gibt dafür viele Bezeichnungen. Jedenfalls sind es Entspannungsübungen, die dazu führen, daß die Widerstandskraft des Körpers geweckt wird.

Die Übungen werden täglich dreimal eine Viertelstunde lang gemacht. Die Entspannungsübungen sind auf eine Kassette übertragen, die der Patient nach Hause mitnehmen und auf seinem eigenen Apparat abhören kann. Er erhält auch zwei Bücher, die ihm die Grundsätze des Körper-Seele-Begriffs verdeutlichen. Die Übungen machen ihm klar, ob er an der wöchentlichen Gruppentherapie teilnehmen kann. Rund 50 Prozent der Kranken erscheinen nicht wieder. Oft bekommen wir von den Angehörigen zu hören, es leuchte ihnen ein, daß die Krankheit psychisch bedingt sei, sie könnten den Kranken jedoch nicht dazu bewegen, an den Gruppenzusammenkünften teilzunehmen.

Bei dieser wöchentlich zweimaligen Gruppentherapie sprechen wir hauptsächlich von Entspannung und vom psychischen Einbildungsprozeß. Wir stellen immer wieder fest, daß sich die Mehrzahl der Patienten selten mit den Übungen abgibt, wenn sie überhaupt jemals damit angefangen haben. Statt dreimal täglich werden die Übungen vielleicht zweimal in der Woche gemacht. Bei der Suche nach den Gründen stellt sich häufig heraus, daß seelische Niedergeschlagenheit sie hindert, still zu sitzen, in sich hineinzuhorchen und sich ein Bild von ihrem eigenen Krankheitsprozeß zu machen. In den Gruppengesprächen werden diese Gründe bewußt gemacht.

Um ein Beispiel zu geben, worüber in der Gruppe gesprochen wird, komme ich auf den Lungenkrebskranken zurück, der auf die Behandlung so schlecht ansprach. Er behauptete stets, er mache die Meditationsübungen jeden Tag dreimal. Seine Frau sagte, er sitze vor der Kassette und höre sie ab. Eines Tages baten wir ihn, uns zu beschreiben, was er dabei erlebe. Wir fragten ihn nach dem Aussehen seiner Krebsgeschwulst, worauf er antwortete, sie sehe wie eine große schwarze Ratte aus. Als wir wissen wollten, wie sich die Behandlung bei ihm auswirke (er wurde chemotherapeutisch mit kleinen gelben Pillen behandelt), sagte er, er bekäme winzigkleine gelbe Pillen, die in seinen Blutkreislauf eingingen. Wir fragten, was denn zwischen den Pillen und der Ratte geschehe. Er antwortete, hin und wieder fresse die Ratte eine Pille. Auf unsere Frage, was das zur Folge habe, sagte er: »Dann wird ihr schlecht, und sie erholt sich davon, indem sie mich noch stärker beißt.« Auf die Frage nach seinen weißen Blutkörperchen sagte er: »Das Ganze sieht aus wie ein Brutapparat. Sie wissen doch, wie Eier unter dem warmen Licht liegen. Sie liegen darin, und eines Tages sind sie ausgebrütet.« Das stellte er sich dreimal am Tag vor, und es vermittelt ein deutliches Bild, wie er seine Krankheit betrachtete.

Fortdauernde Forschung

Augenblicklich befassen wir uns mit einem Forschungsprojekt. Zusammen mit einem Radiotherapeuten haben wir eine Kontrollstudie in Angriff genommen. Wie behandeln ungefähr drei Viertel der Patienten, die Radiotherapie erhalten. Unsere Patienten werden also nicht nur radiotherapeutisch, sondern auch psychotherapeutisch behandelt. Diese Studie beginnt schon interessante statistische Ergebnisse zu liefern und zwar in bezug auf die Frage, inwieweit wir die Zeit, die der Patient zur Änderung seiner Einstellung braucht, verkürzen und verbessern können. Außerdem arbeiten wir zusammen mit dem Jung-Institut in Los Angeles an einem Projekt, die Jungsche Analysiermethode bei den psychologischen Aspekten der Krebskrankheiten anzuwenden.

Zu den interessantesten Seiten dieser Forschungsarbeit gehört die Hypothese, daß die Verhaltensweise des Kranken mit der Lokalisierung des Krebses zusammenhängen kann. Brustkrebspatientinnen verhalten sich zum Beispiel anders als Lungenkrebskranke. Unsere Patienten liefern uns in dieser Hinsicht fortwährend Daten. Die Literatur, die es bereits über dieses Thema gibt, bestärkt mich in der Hoffnung, daß sich auf diesem Wege gute Behandlungsresultate erzielen lassen werden. Anstatt uns nur mit dem Krankheitsprozeß zu beschäftigen, sollten wir dazu übergehen, den Menschen selbst und seine Umgebung zu berücksichtigen.

Literatur

D. W. Abse, u. a.: Self-frustration, night-time smoking and lung cancer. Psychosomatic Medicine, 34, 395, 1972.

C. L. Bacon, u. a.: A Psychosomatic survey of cançer of the breast. Psychosomatic Medicine 14: 453/460, 1952.

C. B. Bahnson: Psychophysiological complementarity in malignancies. Annals of the New York Academy of Science 164, 319, 1969

–: Second Conference on Psychophysiological Aspects of Cancer. Annals of New York Academy of Sciences, 164, 1969.

–: The Psychological Aspects of Cancer. Paper presented at the American Cancer Society's 13th Science Writer's Seminar, 1971.

C. B. Bahnson und D. M. Kissen: Psychophysiological Aspects of Cancer. Annals of the New York Academy of Sciences, 125, 1966.

C. B. Bahnson und M. B. Bahnson: Ego defenses in cancer patients. Annals of the New York Academy of Science, 164, 546, 1969.

A. A. Barrios: Hypnotherapy: A Reappraisal. Psychotherapy: Theory, Research and Practice, 7, 1970.
–: Hypnosis as a Possible Means of Curing Cancer. Uppsala, 1973.
–: Self-Programmed Control: A New Approach to Learning. Uppsala, 1973.
G. Bennett: Psychic and Cellular Aspects of Isolation and Identity Impairment in Cancer: A Dialectic of Alienation. New York Academy of Sciences Annals, 164, 352, 1969.
G. Booth: General and organic specific object relationships in cancer. Annals of the New York Academy of Science, 164, 568, 1969.
B. Butler: The use of hypnosis in the case of cancer patients. Cancer 7, 1, 1954.
M. Cutler: The nature of the Cancer Process in Relation to a Possible Psychosomatic Influence. The Psychological Variables in Human Cancer, University of California Press, 1–16, 1954
H. F. Dorn: Cancer and the marital status. Human Biology 15, 73/79, 1943.
F. Dunbar: Emotions and Bodily Changes: A Survey of Literature-Psychosomatic Interrelationships 1910/1953; 4. Auflage. New York, Columbia University Press, 1954.
Editorial: The nervous factor in the production of cancer. British Medical Journal, 20, 113, 1925.
W. G. Eliasberg: Psychotherapy in Cancer Patients. Journal of American Medical Association, 147, 525, 1951.
E. Evans: A Psychological Study of Cancer. New York, Dodd, Mead, & Co. Inc., 226, 1926
T. C. Everson und W. H. Cole: Spontaneous Regression of Cancer. Philadelphia, 7, 1966.
J. Ewing: Causation, Diagnosis and Treatment of Cancer. Baltimore, Williams & Wilkins Co., 87, 1931.
F. Ferracuti und G. Rizzo: Psychological patterns in terminal cancer cases. Education & Psychology. Delhi 2, 26/36, 1955
S. Fisher und S. E. Cleveland: Relationship of body image to site of cancer. Psychosomatic Medicine 18, 304/309, 1956.
S. B. Friedman, L. A. Glasgow und R. Ader: Psychosocial Factors Modifying Host Resistance to Experimental Infections. Annals of New York Academy of Sciences, 164, 381/392.
W. A. Greene, Jr: Psychological factors and reticuloendothelial disease. I. Preliminary observations on a group of males with lymphomas and leukemia. Psychosomatic Medicine, 16, 220/230, 1954.
–: The Psychosocial setting of the development of leukemia and lymphoma. Annals of the New York Academy of Sciene. 125, 794, 1966.
W. A., Greene jr. u. a.: Psychological factors and reticuloendothelial disease. II. Observations on a group of women with lymphomas and leukemias. Psychosomatic Medicine, 18, 284/303, 1956
W. A. Greene, Jr., und G. Miller: Psychological factors and reticuloendothelial disease. IV Psychosomatic Medicine, 20, 124/144, 1958.
O. Hagnell: The premorbid personalty of persons who develop cancer in a to-

tal population investigated in 1947 and 1957. Annals of the New York Academy of Science. 125, 846, 1966.
A. R. Hedge: Hypnosis in Cancer. British Journal of Hypnotism, 12, 2/5, 1960.
F. C. Hoffman: The Mortality from Cancer Troughout the World. Newark, N. J., Prudential Press, 1915.
–: Some Cancer Facts and Fallacies. Newark, N. J. Prudential Press, 1925.
C. H. Hughes: The relations of nervous depression toward the development of cancer. St. Louis Medicine and Surgey Journal, 1885.
A. Hutschnecker: The Will to Live. New York, Thomas Y. Crowell Co., 1953.
R. E. Kavetsky u. a.: On the psychophysiological mechanism of the organism's resistance to tumor growth. Annals of the New York Academy of Sciences. 125, 933, 1966.
D. M. Kissen: Personality Characteristics in males conducive to lung cancer. British Journal of Medical Psychology, 36, 27, 1963.
–: Psychosocial factors, personality and lung cancer in men aged 55–64. British Journal of Medical Psychology, 40, 29, 1967.
–: Relationship between lung cancer, cigarette smoking, inhalation and personality and psychological factors in lung cancers. Annals of the New York Academy of Science, 164, 535, 1969.
D. M. Kissen und H. G. Eysenck: Personality in male lung cancer patients. Journal of Psychosomatic Research, 6, 123, 1962.
–: A further report on personality and psychological factors in lung cancers. Annals of the New York Academy of Science, 164, 535, 1969.
B. Klopfer: Psychological Variables in Human Cancer. Journal of Projective Techniques, 21, 331/340, 1957.
S. J. Kowal: Emotions as a cause of cancer: eighteenth and nineteenth century contributions. Psychoanalyt Rev. 42, 217/227, 1955.
L. Le Shan und R. E. Worthington: Some psychologic correlates of neoplastic disease: preliminary report. Journal of Clinical & Experimental Psychopath, 16: 281/288, 1955
–: Loss of cathexes as a common psychodynamic characteristic of cancer patients. An attempt at statistical validation of a clinical hypothesis. Psychol. Rep. 2, 183/193, 1956.
–: Personality as a factor in the pathogenesis of cancer. A review of the literature. British Journal of Medical Psychology 29, 49/56, 1956.
–: Some recurrent life history patterns observed in patients with malignant disease. Journal of Nervous Mental Diseases 124, 460/465, 1956.
–: Psychological States as Factors in the Development of Malignant Disease: A Critical Review Journal of the National Cancer Institute 22, 1959.
–: An emotional life history pattern associated with neoplastic disease. Annals of the New York Academy of Sciences 125, 780/793 und 807, 1966.
L. Le Shan und M. Gassman: Some observations on psychotherapy with patients with neoplastic diseasc. American Journal of Psychotherapy 12, 723/734, 1958.

H. L. Lombard und E. A. Potter: Epidemiological aspects of cancer of the cervix; hereditary and environmental factors. Cancer 3: 960/968, 1950.

I. Macdonald: Mammary carcinoma. Surgery Gynecology and Obstetrics, 74, 75, 1942.

V. A. Marcial: Socioeconomic aspects of the incidence of cancer in Puerto Rico. Annals of the New York Academy of Science, 84, 981, 1960.

J. Meerloo: The initial neurologic and psychiatric picture syndrome of pulmonary growth. Journal of American Medical Association 146, 558/559, 1951.

–: Psychological implications of malignant growth; survey of hypotheses. British Journal of Medical Psychology 27, 210/215, 1954.

J. S. Mitchell: Psychosomatic cancer research from the viewpoint of the general cancer field. Psychosomatic Aspects of Neoplastic Disease, 215, 1964.

C. E. Orbach, u. a.: Psychological impact of cancer and its treatment. Cancer 8, 20, 1955.

C. M. Parker, u. a.: Broken hearts: a statistical study of increased mortality among widowers. British Medical Journal 1, 740, 1969.

–: Cancer in Man. New York International Univ. Press. 556, 1952.

E. Pendergrass: Presidential Address to American Cancer Society Meeting, 1959.

–: Host resistance and other intangibles in the treatment of cancer. American Journal of Roentgenology, 85, 891/896, 1961.

Y. Raef: Psychosomatic Aspects of Cancer Research – A literature survey. National Federation of Spiritual Healers.

R. E. Rennecker: Countertransference reactions to cancer. Psychosom. Med. 19, 409/418, 1957.

E. Revici: A new concept of the pathophysiology of cancer with implications for therapy. New Haven, Yale Univ. Press.

Reznikoff: Psychological factors in breast cancer – a preliminary study of some personality trends in patients with cancer of the breast. Psychosomatic Res. 2, 56/60 1957.

P. Sacerdote: The Uses of Hypnosis in Cancer Patients. Annals of the New York Academy of Sciences, 125, 1011/1012, 1966.

A. H. Schmale und H. Iker: The psychological setting of uterine cervical cancer. Annals of the New York Academy of Science, 125, 807, 1966.

O. C. Simonton: Meditation and Cancer. Tape of Science of Mind Symposium: Scientific Approach to Spiritual Healing. Science of Mind Magazine, 1973.

G. F. Solomon: Emotions, Stress, The Central Nervous System, and Immunity. New York Academy of Science Annals, 164, 335/343, 1969.

G. F. Solomon und R. H. Moos: Emotions, Immunity and Disease. Archives of General Psychiatry, 11, 657, 1964.

O. S. Surman u. a.: Hypnosis in the Treatment of Warts. Arch. Gen. Psychotherapy, 28, 439/441, 1973.

S. W. Tromp: Psychosomatische Faktoren und der Krebs (insbesondere der Lunge und der Mamma) Medizinische Zeitschrift 443/447, 26. März, 1955.

J. B. Trunnell: Theories of the origin of cancer. Paper read at the Texas Conference on Psychosomatic Implications in Cancer. Dallas, Sept. 1956.

J. M. Wainwright: A comparison of conditions associated with breast cancer in Great Britain and America. American Journal of Cancer, 15, 2610, 1931.

A. M. Weitzenhoffer: Hypnotism: An objection study in suggestibility. John Wiley and Sons, 1953.

P. M. West u. a.: An observed correlation between psychological factors and growth rate of cancer in man. Cancer Res. 12, 306/307, 279, 1952.

J. I. Wheeler, Jr. und B. M. Caldwell: Psychological evaluation of women with cancer of the breast and of the cervix. Psychosom. Med. 17, 256/268, 1955.

8

C. Norman Shealy

Eine unkonventionelle Betrachtung der konventionellen Medizin

Viele Menschen führen die großen Fortschritte in den letzten fünfzig Jahren als Beweis dafür an, daß die amerikanische Medizin in bezug auf Krankenpflege sehr viel zu bieten hat. Es ist zwar nicht zu bezweifeln, daß die Krankenpflege vortrefflich ist, wenigstens in den größeren Kliniken, wenn es sich um akute Krankheiten und Notfälle handelt, aber es gibt deutliche Anzeichen, daß wichtige medizinische Probleme vernachlässigt werden. Obwohl allgemein angenommen wird, daß 75 bis 80 Prozent aller Symptome psychosomatischer Natur sind, wendet man, von Ausnahmen abgesehen, keine psychophysiologischen Behandlungsmethoden für diese Krankheiten an. Statt dessen neigt man in den letzten fünfundzwanzig Jahren immer mehr dazu, sie mit persönlichkeitsbeeinflussenden Psychopharmaka auszuräumen.

Auf die Bedeutung dieses Problems wies Dr. Lawrence L. Weed als einer der ersten in der Julinummer 1974 der Zeitschrift *Medical Group News* hin, als er sagte, die amerikanische Medizin sei »zurückgeblieben«. Er verglich das Medizinstudium mit der mündlichen Überlieferung mittelalterlicher Balladen. Dr. Weed, Professor der Medizin an der Universität Vermont, betrachtet Überdiagnose, Überbehandlung und Übermedikation als den »Tod der amerikanischen Medizin«. Er betont, unsere Daten seien ganz unvorstellbar schlecht. Die Hälfte aller Verordnungen mache eher krank als gesund, wie man selbst erproben könne. Er unterstreicht jedoch, daß er nicht einzelne angreife, sondern das System.

In der Oktobernummer 1974 der Zeitschrift *Prism*, die der amerikanische Ärzteverband herausgibt, hebt Peter Rogatz hervor, daß unnötige Krankenhauseinweisungen zum Teil an den immensen Krankenpflegekosten schuld sind. Ein offizieller Bericht über die Bau- und Einrichtungskosten der Spitäler offenbarte 1972, daß ungefähr 25 Prozent der Patienten nach übereinstimmender Meinung der Leiter überflüssigerweise mit Apparaturen behandelt worden seien.

Obwohl 75 bis 80 Prozent aller Leiden psychosomatisch oder psychophysiologisch bedingt sind, entschließen sich die Ärzte offenbar zu einer medizinischen oder chirurgischen Behandlung. Selbstverständlich braucht man bei psychophysiologischen Leiden keine Medikamente anzuwenden. Vor kurzem berichtete *The Medical Tribune*, daß Depression die Immunität beträchtlich verändert. Das besagt, daß Infektionen, Autoimmunkrankheiten und Krebs in Zusammenhang mit seelischer Belastung stehen. Aber wenn die psychophysiologische Störung so weit fortgeschritten ist, daß körperliche Schäden entstanden sind, ist es natürlich oft zu spät, gegen sie anzugehen.

Darum heißt es also, eine genaue Diagnose zu stellen, und hat man ein psychophysiologisches Leiden erkannt (Unruhe, Furcht, Schuldgefühle, Depression usw.), so muß die Krankheitsbehandlung einfach und ungefährlich sein. In diesem Fall können folgende therapeutische Verfahren angewandt werden:

Akupunktur

Seit acht Jahren wende ich als Schmerzbehandlung Akupunktur an. Theoretisch basiert die Akupunktur auf einer diffizilen methaphysischen Philosophie, aber in der Praxis hat sie eine neuropsychologische Grundlage.[1],[2]) Wenn die Nadel über dem Schmerzpunkt und in den deutlichen Reflexbahnen angesetzt wird, beträgt die Schmerzlinderung bei chronischen Fällen bis zu 10 Prozent, bei akuten Schmerzen bis zu 80 Prozent. Meine persönliche Erfahrung mit 500 Patienten hat mich überzeugt, daß Akupunktur in den Händen eines geschickten Arztes ungefährlich ist. Sie kann dazu führen, daß die Symptome verschwinden, sollte aber nicht unterschiedslos angewendet werden. Wenn der Patient nach dreimaliger Behandlung nicht merkbar positiv reagiert, ist die Akupunktur auch mit fünfzig Behandlungen keine Hilfe.

Körperübungen

Viele Ärzte lassen außer acht, wie wohltuend sich intentive und aktive Gymnastik auf Körper und Seele auswirken.

Stimulierung durch Oberflächenelektroden

Das ist eine ganz ungefährliche und einfache Methode der Schmerzlinderung.[3,4]) In den letzten neun Jahren sind Tausende auf diese Weise behandelt worden. Der elektrische Strom stammt von einer Batterie. Bei akuten Schmerzen erleben 80 Prozent der Patienten vollständige oder teilweise Schmerzlinderung.[5]) 25 Prozent der Patienten, die an chronischen Schmerzen leiden, erfahren eine zufriedenstellende Schmerzlinderung, wenn sie nur dieses Verfahren anwenden.

Autogenes Training und Biofeedback

Rund 80 Prozent aller Symptome lassen sich in erstaunlichem Maße durch autogenes Training regeln, besonders durch die jüngste technische Verbesserung, das Biofeedback.[6]) Diese letztgenannte Technik gibt dem Kranken anscheinend die größte Hoffnung; sie hat nur den Nachteil, daß sie zeitraubend ist. Die meisten Ärzte kennen sie überhaupt nicht und finden sie wahrscheinlich weniger einträglich als das Verschreiben eines nervenberuhigenden Präparates.

Zusammenfassung

Bei akuten Krankheiten hat die Medizin glänzende Ergebnisse erzielt. Aber bei chronischen Krankheiten, insbesondere bei psychophysischen, werden Verabreichung von Psychopharmaka, operative Eingriffe und Einweisung ins Krankenhaus übertrieben. Mit einer anderen Einstellung, die sich auf Psychophysiologie gründet, könnte dieses Problem leicht gelöst werden.
Obwohl ich aus der Praxis nur die amerikanische Medizin beziehungsweise medizinische Behandlungsweise kenne, scheint es mir doch – teils durch Lektüre, teils durch Reisen belehrt –, daß die Ärzte in der ganzen Welt bei der Behandlung der Symptome der gesunden Vernunft zuwenig Beachtung schenken. Selbstverständlich profitieren sehr ernste akute Symptome vom medizinischen Fortschritt der letzten zwanzig Jahre; aber viele Krankheiten sind psychisch bedingt und sollten psychophysiologisch behandelt werden. Beruhigungsmittel sind in diesem Fall keine richtige physiologische Behandlungsmethode. Viel eher schaden sie dem Patienten. Valium, das hierzulande beliebteste Präparat, löst sogar Depressionen aus. Dieses Präparat – wie auch andere ähnliche – behebt die psychosomatische Störung nicht. Wir müssen uns darauf einrichten, eine psychophysiologische Therapie anwenden zu können, die sich für die meisten Symptome eignet.

Literatur

1) N. C. Shealy: A physiological basis for electra-acupuncture. In: Transcript of the Acupuncture Symposium. 17. Juni 1972. Los Altos, Kalif. The Academy of Parapsychology and Medicine, S. 336, 1972.
2) –: A Western view of acupuncture. Vortrag des Neuroelectric Society Symposium, Aspen, Colorado, 18./24.Februar 1973
3) –: Electrical control of the nervous system. Medical Progress through Technology 2: 71/80, 1974.
4) N. C. Shealy und D. Maurer: Transcutaneous nerve stimulation for control of pain. A preliminary technical note. Surgical Neurology 2: 45/7, 1974.

5) A. Hymes u.a.: Acute paincontrol by electrostimulation: A preliminary report. Advances in Neurology 4: 761/7, 1974.
7) W. Luthe: Autogenic Therapy, Bd. 1–6. London & New York, Grune & Stratton, 1969.

9

ALYCE M. GREEN und ELMER E. GREEN

Biofeedback: Forschung und Therapie

Einleitung

Im Westen hat die Wissenschaft – getreu den Überlieferungen – angenommen, willensmäßige, bewußte Körperfunktionen würden von der Hirnrinde und vom zerebrospinalen Nervensystem gesteuert, die unwillkürlichen Funktionen hingegen automatisch und unbewußt vom subkortikalen Hirnstamm und dem vegetativen Nervensystem. Man behauptete, das vegetative Nervensystem könne nicht in nennenswertem Grade vom Willen beeinflußt werden. Die Forschung hat jedoch bewiesen, daß dies nicht stimmt, sondern daß normalerweise unwillkürliche physiologische Funktionen willensmäßig verändert und unterdrückt werden können, und zwar durch das sogenannte Biofeedback.

Biofeedback bedeutet, daß man einen Menschen unmittelbar und fortlaufend über seine eigenen biologischen Prozesse oder Zustände informiert, zum Beispiel über Zustand des Herzens, Körpertemperatur, Gehirnwellen, Blutdruck und Muskelspannung. Durch ein Meßinstrument mit Nadel, einem Licht- oder Tonsignal wird dem Patienten die Information zur Kenntnis gegeben, das heißt, er nimmt an seinen physiologischen Vorgängen teil. Biofeedback-Training bedeutet, daß man die Informationen dazu benützt, den fraglichen Prozeß willentlich zu verändern oder zu regeln.

Grundsätzlich ist es bis zu einem gewissen Grade möglich, jedweden physiologischen Prozeß, der gemessen, verstärkt und unterdrückt werden kann, willentlich zu regeln. Das beruht auf dem folgenden psychophysiologischen Grundsatz: Jede Veränderung in den Lebensvorgängen im Organismus des Menschen ist begleitet von einer bewußten oder unbewußten Veränderung seines psychischen Zustands und umgekehrt. In theoretischer Hinsicht besagt dieser Grundsatz, daß psychosomatische Regelung im Verein mit Willenskraft möglich ist. Wie aber funktioniert das Biofeedback? Wie kann man mit dem Wissen von den Vorgängen im Körper physiologische Prozesse regeln?

Erläuterung

Das Diagramm auf S. 148 ist eine sehr vereinfachte Darstellung der Prozesse, die im willkürlich und unwillkürlich gesteuerten neurologischen Gebiet und gleichzeitig auf bewußter oder unbewußter psychischer Ebene vor sich gehen. Die obere Hälfte stellt das normale Gebiet der bewußten Prozesse dar, das heißt derjenigen, deren wir uns normalerweise bewußt sind, wenn wir es wünschen. Die untere Hälfte stellt das normale Gebiet der unbewußten Prozesse dar. Das Bewußte wird der Hirnrinde und dem zerebrospinalen Nervensystem zugeschrieben, das Unbewußte dem subkortikalen Hirnstamm und dem vegetativen Nervensystem.

Elektrophysiologische Studien zeigen, daß jede Wahrnehmung eines Ereignisses außerhalb des Körpers (s. links oben) sowohl in den bewußten als auch in den unbewußten Strukturen elektrische Aktivität hervorruft, das heißt, es ergibt sich eine emotionelle oder psychische Reaktion. Die Kästchen mit der Bezeichnung »emotionelle und geistige Reaktionen« sind in der Mitte des Diagramms angebracht und werden von einer horizontalen Mittellinie in Bewußtes und Unbewußtes unterteilt, um ihre Doppelnatur anzudeuten. Das nächste Kästchen mit der Bezeichnung »Reaktion im limbischen System« ist auf dem Diagramm dem Unbewußten zugeordnet, obwohl gewisse neurologische Bahnen von hier direkt zu kortikalen Gebieten führen, was besagt, daß Informationen über Prozesse im limbischen System das Bewußtsein erreichen können.

Seit der klassischen Abhandlung von J. M. Papez (1937), der die Funktion des limbischen Systems ohne Berücksichtigung der seelischen Reaktion beschreibt, ist es bei Tier und Mensch eingehend studiert worden. P. D. MacLean (1949) prägte dafür die Bezeichnung *visceral brain* (Eingeweidehirn), und andere nannten es das emotionelle Hirn, aber wichtig ist, daß der emotionelle Zustand von der elektro-physiologischen Tätigkeit im limbischen System reflektiert wird oder mit ihr korrespondiert.

Von großer Bedeutung für eine zufriedenstellende Erklärung ist die Tatsache, daß das limbische System durch viele Bahnen (Pfeil 3) mit den vegetativen Regulationszentren, dem Hypothalamus, verbunden ist. Obwohl der Hypothalamus nur 4 Gramm wiegt, regelt er großenteils die automatische Nervenmaschinerie des Körpers und steuert außerdem die Hypophyse. Die Hypophyse oder Hirnanhangdrüse steht zuoberst in der hormonalen Hierarchie und bewirkt Veränderungen bei anderen Drüsenstrukturen. Wenn uns dieser Begriff klar ist, können wir verstehen, wieso eine telefonische Nachricht bewirken kann, daß ein Mensch ohnmächtig wird oder plötzlich einen erhöhten Blutdruck hat. Die Wahrnehmung eines äußeren Ereignisses führt zu einer limbisch-Hypothalamus-Drüsenreaktion, die unweigerlich physiologische Folgen hat.

Wenn eine physiologische Veränderung durch einen empfindsamen elektrischen Apparat vom untersten Kästchen rechts »aufgelesen« wird und dies der Versuchsperson auf einem Meßgerät (Pfeil 5) oder mittels eines Hörsignals angezeigt wird, findet die Rückkoppelung der physiologischen Information statt, und die Folge ist eine »neue« emotionelle Reaktion, die Reaktion auf die Erkenntnis innerer, normalerweise unbewußter Prozesse. Die neue emotionelle Reaktion löst im limbischen System (Pfeil 7) eine neue Reaktion aus. Im limbischen System wird die ursprüngliche Reaktion mit ihr vermischt oder durch sie ersetzt oder modifiziert (Pfeil 2). Diese neue Reaktion im limbischen System entwickelt ihrerseits ein »neues« Muster der Aktivität im Hypothalamus, so daß sich ein »neuer« physiologischer Zustand ergibt. Infolgedessen hat sich ein kybernetischer Kreislauf gebildet, da das bewußte Gehirn mit

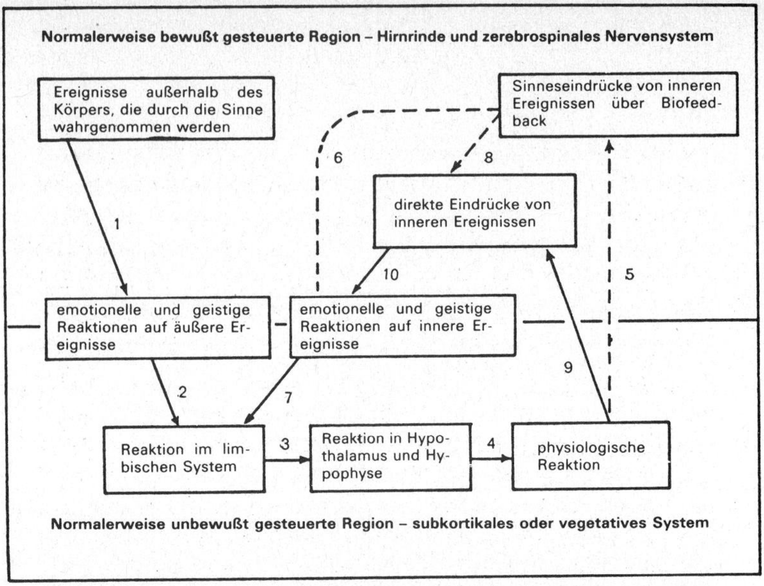

Vereinfachtes Arbeitsdiagramm der Selbstregulierung psychophysischer Ereignisse und Prozesse. Die Ereignisse außerhalb des Körpers, die durch die Sinne wahrgenommen werden (oberes Kästchen links), führen an den Pfeilen 1 bis 4 entlang zu einer physiologischen Reaktion. Wenn die physiologische Reaktion von einem Menschen, der das »Verhalten« des Feedback-Instruments steuern will, »aufgelesen« und zurückgefüttert (Pfeil 5) wird, entstehen die Pfeile 6 und 7, die eine neue Reaktion im limbischen System hervorrufen. Diese Reaktion verändert ihrerseits die »Signale« längs der Pfeile 3 und 4, so daß die ursprüngliche physiologische Reaktion verändert wird. Ein kybernetischer Kreislauf ist entstanden, und die normale Stabilität gewisser Körperfunktionen (Homöostase) kann vom Willen beeinflußt werden. Biofeedback hat entgegengesetzte Wirkung wie Medikamente und erhöht das Gefühl für innere Ereignisse; es entsteht Pfeil 8, dem Pfeil 9 und 10 folgen. Instrumentelle Rückkoppelung ist allmählich nicht mehr notwendig, wenn direkte Eindrücke von den inneren Körperprozessen ausreichen, die Fähigkeit zur Selbstregulierung beizuhalten. Physiologische Selbstkontrolle durch klassisches Joga kann nur auf dem Weg entwickelt werden, den die Pfeile 7-3-4-9-10-7 angeben, aber für die Kontrolle spezifischer physiologischer und psychosomatischer Schwierigkeiten ist das Training in Rückkoppelung (Feedback) wirksamer.

Informationen über normalerweise unbewußte innere Prozesse gespeist worden ist. Durch Bildung dieses kybernetischen Kreislaufs wird der Abstand überbrückt, der normalerweise

zwischen dem Bewußten und dem Unbewußten besteht, das heißt zwischen willkürlich und unwillkürlich gesteuerten Prozessen.
Wenn wir uns dazu erziehen, willensmäßig Kontrolle über normalerweise unbewußte Prozesse zu üben, werden wir uns der entscheidenden Nervenbahnen und Muskelfasern nicht direkt bewußt, wie wir auch nicht wissen, welche Nerven innerhalb und außerhalb des Gehirns wir anwenden, wenn wir einen Golfball wegschlagen. Aber wie auch im Falle des Golfschlags können wir durch Rückkopplung lernen, die Wirksamkeit innerer Organe zu modifizieren, um wünschenswerte Veränderungen herbeizuführen. Man muß bedenken, daß alles Lernen durch irgendwelche Rückkopplung vor sich geht, sei es durch Impulse von der Hirnrinde zu willkürlich gesteuerter oder zu unwillkürlich gesteuerter Muskulatur.

Biofeedback und biokybernetischer Kreislauf

Es ist wichtig, den Pfeilen 5, 6, 8, 9, und 10 im Diagramm besondere Aufmerksamkeit zu schenken. Die Biofeedback-Information längs des Pfeiles 5 und dann längs des Pfeiles 6 dauert oft nicht länger als ein paar Wochen. Biofeedback wird nicht zur Gewohnheit, da eine willkürlich gesteuerte Kontrolle an die Stelle des auf äußerer Einwirkung Beruhenden tritt. Darin unterscheidet sich Biofeedback erheblich von Drogen. Bei Drogen muß die Dosierung oft erhöht werden, um der Gewöhnung des Körpers zu begegnen. Bei Biofeedback hingegen erhöht sich das Gefühl für schwer erfaßbare innere Mitteilungen eher, als daß es sich vermindert. Dieses erhöhte Gefühl, das Pfeil 8 anzeigt, ist ein wichtiger Schritt, wenn es gilt, den inneren kybernetischen Kreislauf zu vollziehen, damit man das Biofeedback-Instrument nur eine Zeitlang anzuwenden braucht. So ist es endlich möglich, die Fähigkeit der Selbstkontrolle zu entwickeln und Verantwortung für den eigenen Körper zu übernehmen.

Eine sehr ausführliche Schilderung von Biofeedback-Berichten würde an dieser Stelle zu weit führen, ich beschränke mich daher auf eine kurze Zusammenfassung, die von den drei großen neurologischen Systemen handelt, dem zerebrospinalen (normalerweise bewußten und wirklich gesteuerten), dem vegetativen oder autonomen (normalerweise unbewußten und unwillkürlich gesteuerten) und dem Zentralnervensystem (das sowohl bewußt und willkürlich gesteuert als auch unbewußt und unwillkürlich gesteuert ist).

Selbstkontrolle mittels Elektromyographie

Das Elektromyogramm (EMG) zeichnet die von einem Muskel abgeleiteten Aktionsströme auf. Das Interesse an Funktion und Kontrolle der Muskeln bestand schon in der Vorzeit, aber erst durch die explosionsartig entwickelte Technik während des Zweiten Weltkriegs gelang es, kleine elektrische Urladungen zu entdecken, zu messen und zu verstärken. Diese fortgesetzte Entwicklung hat es möglich gemacht, das Biofeedback-Training im Hinblick auf Muskelbeherrschung zu studieren, und zwar nicht nur die normalerweise dem Willen unterstehenden Muskeln sondern auch die normalerweise unbewußt arbeitenden.

Kontrolle über einzelne motorische Nervenfasern

Zu den dramatischen Berichten in der Elektromyographie-Literatur gehört J. V. Basmajians Darstellung der bewußten Kontrollte über einzelne motorische Nervenfasern durch Biofeedback-Training (1966, 1967, 1972), was bis dahin als unmöglich betrachtet wurde. Durch visuelle und auditive Rückkopplung von Elektroden, die in den Muskel an der Daumenwurzel (abductor pollucis brevis) eingesetzt waren, gelang es den Versuchspersonen, eine so verfeinerte Kontrolle zu erreichen, daß sie schon nach sechzig- bis neunzigminütigem Training bei den einzelnen Nervenfasern verschiedene Rhytmen hervorbringen konnten.

EMG-Biofeedback bei Rehablitierung

Basmajian interessierte sich für die praktische Nutzanwendung des EMG-Feedbacktrainings, wenn es zum Beispiel darum geht, gelähmte oder atrophierte Muskeln wieder gebrauchsfähig zu machen. Das Ergebnis des zunehmenden Interesses für EMG-Biofeedback ist eine Feedback-Abteilung in der ICD-Klinik (einer privaten Rehabilitierungsklinik in New York). Der Leiter dieser Klinik ist Dr. Joseph Brudny, der an der medizinischen Fakultät der New Yorker Universität Biofeedback-Therapie lehrt. Hier werden Patienten behandelt, die das Opfer eines Schlaganfalls, einer zerebralen Parese, einer Dystonie (anomaler Tonus der Muskeln oder des vegetativen Nervensystems), eines Rückenleidens und anderer neuromuskulärer Störungen und Störungen im Zentralnervensystem sind.
Brudny berichtet über die Anwendung visuellen und auditiven EMG-Feedbacks beim Training von neun Patienten zwecks bewußter Beherrschung des Torticollis (Schiefhals). Der Schiefhals beruht auf einer Verkürzung des Kopfnickers, eines Muskels, der vom Warzenfortsatz hinter der Ohrmuschel zum Schlüsselbein und zum Brustbein schräg abwärts verläuft. Nach zehnwöchigem Training vermochten sieben der neun Patienten ohne Rückkopplung die Zuckungen zu überwinden. Bei allen Patienten ergaben sich psychologische Vorteile in Form von Selbstsicherheit, Überwindung der Depressionen und Wiederaufnahme menschlicher Beziehungen. Weitere Berichte über Wiederherstellung von Muskelfunktionen haben H. E. Johnson (1973), A. A. Marinacci (1968) und H. Toomin (1974) geliefert.
Der Schlüsselfaktor beim EMG-Feedbacktraining ist die Aufmerksamkeit, wenn es gilt, die Muskeln zwecks Wiederaufnahme der Funktion zu spannen und zu entspannen. Tatsächlich

können alle Rückkopplungsübungen als Aufmerksamkeitstraining bezeichnet werden, wenigstens wenn Methoden angewendet werden, bei denen der Patient weiß, welche biologische Funktion oder welcher Prozeß rückgespeist werden soll, und bewußt lernen will, sie zu regeln.

Behandlung von Spannungskopfschmerzen

Zu den bekanntesten Studien über EMG-Feedback zwecks Entspannung gehören die Arbeiten von T. H. Budzynski und J. M. Stoyva (1970), die die Möglichkeiten zur Linderung von Spannungskopfschmerzen (Kopfweh infolge von Muskelzusammenziehungen) untersuchten. Ihre Versuchspersonen waren 18 Personen, die seit sechs bis neun Jahren an schweren Kopfschmerzen gelitten hatten. Sie wurden in drei Gruppen eingeteilt; sechs bildeten die Versuchsgruppe, sechs eine falsche Feedbackgruppe, sechs die Kontrollgruppe.
Die Instruktionen umfaßten eine Erklärung der Spannungskopfschmerzen und des Rückkopplungsverfahrens, das angewendet werden sollte (EMG-Feedback von der Stirnregion, übermittelt durch ein auditives Signal). Das Training bestand aus 16 EMG-Feedbackübungen in der Woche, die zu Hause weitergeführt wurden. Bei der Versuchsgruppe ergab sich ein beträchtliches Nachlassen der Kopfschmerzen infolge von Muskelzusammenziehungen, und nach drei Monaten konnten diese Patienten auf Medikamente verzichten. Budzynski beobachtete, daß sie nach Beendigung des Trainings imstande waren, sich gewohnheitsmäßig zu entspannen und dadurch einen neuen Lebensstil entwickelten. Bei der Kontrollgruppe zeigte sich keine nennenswerte Veränderung in bezug auf Häufigkeit und Stärke der Kopfschmerzen.
Auch I. Wickramasekara (1972), A. E. Gladman und N. Estrada (1974) haben bei der Behandlung von Spannungskopfschmerzen EMG-Feedback angewendet. Die Berichte über weitere Nutzanwendungen umfassen Desensibilisierung bei Phobien und Zwangsängsten, Schließmuskelbeherrschung (Budzynski und Stoyva) und Behebung unnötiger Aktivität im

Sprachmuskel beim lautlosen Lesen (C. D. Hardyck u.a., 1966, 1969).

Autonome Selbstregulierung

Beherrschung der Herzfrequenz

M. H. Hnatiow und P. J. Lang haben 1965 die Stabiliserung der Herzfrequenz untersucht. Die Versuchspersonen waren vierzig normale, gesunde Studenten. Die Hälfte, die Versuchsgruppe, erhielt Anweisungen, die Herzfrequenz so stabil wie möglich zu halten. Sie sollten bei dem Experiment ein Meßgerät beobachten, das die Herzfrequenz anzeigte, und sich still verhalten, um dazu beizutragen, daß der Zeiger mitten auf der Skala des Meßgeräts blieb.

Die Kontrollpersonen wurden angewiesen, ihre Körperfunktionen auf demselben Niveau zu halten und dem Zeiger mit dem Blick zu folgen. Die Bewegungen des Zeigers waren nicht mit der Herzfrequenz der Versuchspersonen synchronisiert, sondern simulierten nur ihre Veränderungen. Es ergab sich, daß die Versuchspersonen, die eine sinnvolle Information erhalten hatten, Veränderungen der Herzfrequenz vermindern konnten.

Berühmte Forscher auf dem Gebiet der Herzfrequenzkontrolle sind der Amerikaner B. T. Engel und seine Mitarbeiter. In einer ihrer Studien beschreiben sie ihre Versuche mit Patienten, die an vorzeitigen Ventrikelzusammenziehungen litten (Weis und Engel, 1971). Acht Patienten wurden über das Experiment im einzelnen aufgeklärt (bei Engels vorherigen Forschungen war das nicht der Fall). Sie erhielten Bescheid über die ausgelöste Reaktion, und jeder Patient durfte während des ganzen Experiments seine Daten beobachten.

Die visuelle Rückkopplung erfolgte über drei Lampen; eine grüne zuoberst war das Signal für den Patienten, die Herzfrequenz zu erhöhen, eine rote zuunterst bedeutete, die Herzfrequenz zu vermindern, und eine gelbe in der Mitte,die immerzu leuchtete, besagte, daß die Herzfrequenz richtig war. Die meisten nahmen alle vier Tage an zehn ungefähr 34minutigen Sitzungen im Tag teil; die Übungen umfaßten erhöhte Herzfrequenz, verminderte Herzfrequenz, abwechselnd erhöhte und verminderte Herzfrequenz und Beherrschung der veränderten Herzfrequenz. Die Prozedur zielte darauf ab, daß der Patient vom Auftreten aller vorzeitigen Ventrikelzusammenziehungen Kenntnis erhielt.

Alle Patienten zeigten einen gewissen Grad der Herzfrequenzbeherrschung. Vier verminderten die Frequenz der Zusammenziehungen erheblich und behielten die Fähigkeit während einer 3-bis 21monatigen Nachbehandlung bei; der fünfte lernte, das Auftreten der Zusammenziehungen vorauszufühlen und sie bewußt zu beherrschen. Drei brachten es nie dazu, ihre Ventrikelzusammenziehungen zu regeln. Obwohl jede Rückkopplung das kognitive Gebiet berührt und keine Belohnung in Form von Geld oder anderem ausgesetzt ist, wird das Experiment als »instrumentell bedingt« beschrieben. Die Beherrschung der Herzfrequenz ist auch von anderen Forschern untersucht worden (D. Shapiro u. a., 1971; D. W. Shearn, 1962; J. S. Bergman und H. J. Johnson, 1972).

Beherrschung des Blutdrucks

Die Beherrschung des Blutdrucks gehört zu den schwierigeren Gebieten der Biofeedback-Forschung. Es fehlt eine zufriedenstellende Methode, die zur Blutdruckmessung keiner Punktion bedarf, was sich als wesentliche Begrenzung erwiesen hat. Das gewöhnliche Verfahren mit der Armmanschette ist belastend und beschwerlich. Aber 1973 haben G. E. Schwartz und D. Shapiro eine Technik beschrieben, die den fortwährenden Manschettendruck zuläßt, und von J. Brener und R. A. Kleinman stammt eine Studie (1970), bei der man den Blutdruck mittels einer Manschette am linken Zeigefinger nimmt.

Breners und Kleinmans Versuchspersonen waren Studenten. Die Versuchsgruppe betrachtete ein Manometer, das den systolischen Blutdruck von der Fingermanschette verzeichnete, und die Versuchspersonen wurden angewiesen, ihn zu senken. In zwei Sitzungen wurden je zwanzig 50 Sekunden dauernde

Versuche gemacht, und bei der zweiten gelang es ihnen, den Blutdruck um 12 mm Hg zu senken. Die Kontrollpersonen wurden über die registrierte Reaktion unterrichtet und erhielten die Anweisung, das Feedback-Meßgerät zu beobachten, aber nicht den Blutdruck zu senken.

Schwartz und Shapiro berichten, daß sie zur Beherrschung des systolischen Blutdrucks eine Manschette mit fortwährendem Druck benutzten, und zwar bei sieben Personen mit Hypertension (erhöhtem Blutdruck ohne bekannte Ursache). Sie wendeten Rückkopplung und instrumentelle Methoden an, die sie selbst entwickelt hatten. Sie machten fünf bis sechzehn Versuche, bis es den sieben Patienten im Ruhezustand nicht gelang, den systolischen Blutdruck fünfmal hintereinander noch weiter zu senken. Danach wurde zur Senkung des Blutdrucks täglich Feedback vorgenommen, bis die Senkung ebenfalls fünfmal hintereinander beobachtet werden konnte. Bei fünf Patienten war der Blutdruck in 33, 22, 34, 31 und 12 Versuchen auf 34, 29, 16, 16 und 17 mm Hg gesunken, bevor sich das Kriterium für die größtmögliche Senkung ergab. Die beiden anderen wiesen keine merkbare Senkung auf. Die Verfasser halten die Rückkopplung im Verein mit anderen Methoden – abgesehen davon, daß die Aktivität im sympathischen Nervensystem herabgesetzt wird – für eine fruchtbare Methode zur Regelung des Blutdrucks.

Behandlung der Migräne

Biofeedback-Training zwecks Erhöhung der Temperatur in den Händen, wodurch Migräne gemildert wird, entwickelte sich aus einer Untersuchung der Temperaturkontrolle durch autogenes Training. Bei einer Versuchsperson folgte einer plötzlichen Erhöhung des Blutkreislaufs und der Temperatur in den Händen eine ebenso plötzliche Linderung der Migräne. Diese Feststellung interessierte den Amerikaner Joseph Sargent, Leiter der Abteilung für innere Medizin der Menninger-Stiftung, und 1968 befaßte er sich mit dem Studium des Temperatur-Feedbacks zur Behandlung von Migräne. Seither hat er Daten von über 150 Patienten gesammelt.

Das Syndrom Migräne (eine Gefäßstörung im Kopf) umfaßt auch Gefäßzusammenziehungen in den Händen, offenbar infolge intensiver Aktivierung des sympathischen Nervensystems als Reaktion auf Streß. Da es im Gefäßsystem der Hände nur kleine parasympathische Nervenreize gibt, ist die willentliche Schmerzausweichung (gelernt durch Temperaturkontrolltraining) das Zeichen einer Aktivitätssenkung im sympathischen Nervensystem. Die Nervenzentren, die Schmerzreaktionen im Körper beherrschen, liegen im subcorticalen Hirnbereich. Anscheinend erfolgt die Wiederherstellung des Gleichgewichts zwischen dem Schmerzsystem und der Gefäßstörung im Kopf durch die allgemeine Entspannung des sympathischen Nervensystems, das mit der selbstinduzierten Wärme in den Händen verbunden ist.

Bei Sargents Versuchen wurde den Patienten beigebracht, wie man das Feedbackgerät anwendet. Sie nahmen es dann mit nach Hause, mußten täglich zweimal üben und jedesmal zu Beginn und am Schluß die Temperatur der Hände aufschreiben. Der Patient wurde jede Woche bei einer konstanten, positiven Reaktion auf dem Meßgerät untersucht, das heißt, wenn das Erlebnis der Wärme in den Händen stattfand. Allmählich hörte man mit der Anwendung des Meßgeräts auf (gewöhnlich nach einem Monat), aber der Patient übte weiter die besondere Visualisierungsmethode, mit der er Entspannung und Wärme in den Händen erreichte. Bei über 80 Prozent von Sargents Migränepatienten ergab sich eine bedeutende Besserung. Die Linderung erstreckte sich von »ein wenig« bis zu »fast vollständig«. Von einigen wird sogar ein »migränefreies« Leben verzeichnet. Forschung und Training im Temperatur-Feedback zur Behandlung von Migräne werden in mehreren Kliniken fortgesetzt (A. E. Gladman und N. Estrada, 1970; S. Adles, 1974; S. Diamond, 1974).

Es liegen auch etliche Berichte über Behandlung der Raynaudschen Krankheit mit Temperaturtraining (das heißt Beherrschung der Durchblutung) vor. Bei der Raynaudschen Krankheit handelt es sich um Gefäßkrämpfe in den Händen und/

oder Füßen, bei denen es in schweren Fällen zu Gangrän (Brand) kommt. Die grundlegende Erklärung für die Ursache und die Möglichkeit der Linderung scheinen die gleichen wie bei Migräne zu sein (Sargent, 1973; Gladman und Estrada, 1974; Taub, 1974; Schwartz, 1973).
Das Training zur Selbstregulierung der Temperatur in den Händen wird zusammen mit anderen Verfahren gegen Alkoholismus und Drogensucht angewendet (C. I. Fitzsimmons und M. A. Pfeiffer, 1974; P. S. Kurtz, 1973; A. M. Green u. a., 1973). Auch die Anwendung beim Rehabilitierungsverfahren mit Strafgefangenen ist untersucht worden (P. A. Norris, 1974). Bei diesen Versuchen hat sich offenbar eine Veränderung der Selbstauffassung ergeben, und als hervorragend vorteilhaft erwies sich die Verlagerung der Kontrolle von »außen« nach »innen«.

Beherrschung des Zentralnervensystems

Die Geräte und Methoden, die zur Rückkopplung benutzt werden, machen es möglich, absichtlich Veränderungen der Aktionsstromtätigkeit (EEG) zu bewirken. Beim EEG-Feedback werden die Gehirnwellen von Elektroden, die am Kopf befestigt sind, aufgefangen und rückgekoppelt. Gewöhnlich beobachtet man, daß die Beta-Wellen (Frequenz 13 bis 26 in der Sekunde) in der Hinterkopfregion vorherrschen, wenn die Aufmerksamkeit intensiv auf die Umgebung, auf eine Problemlösung gerichtet oder die Psyche unruhig und gespannt ist. Die Alpha-Wellen (Frequenz 8 bis 13 in der Sekunde) sind gewöhnlich eher mit einem seelischen Zustand verknüpft, wenn die Psyche zwar wach, aber ermattet und belastet ist. Die Theta-Wellen (Frequenz 4 bis 8 in der Sekunde) sind oft mit einem schläfrigen und fast bewußtlosen Zustand verbunden. Sie treten bei den meisten Menschen im Einschlafstadium auf und sind oft von hypnagogischen Bildern begleitet. Die Delta-Wellen (Frequenz ½ bis 4 in der Sekunde) gehören vor allem dem Tiefschlaf an.
Streng genommen gibt es kein Training zur bewußten Beherr-

schung der Gehirnwellen. Man kennt keine Verknüpfung mit Sinneswahrnehmungen, durch die der Mensch sie aufspüren könnte. Was hingegen aufgedeckt und folglich erschlossen werden kann, das sind gewisse Gefühle und Gedankenprozesse, die mit den verschiedenen Gehirnwellen in Verbindung zu bringen sind.

Beherrschung der Gehirnwellen

Das Verdienst, als erste Forscher die bewußte Beherrschung der Gehirnwellen wissenschaftlich untersucht zu haben, kommt den Amerikanern J. Kamiya und B. B. Brown zu. Als sich Kamiya 1958 an der Universität Chicago mit Traumforschung beschäftigte, fragte er sich, ob der Mensch, der im Wachzustand lernen kann, sich seines inneren Zustands bewußt zu sein, nicht auch imstande sei, »durch Introspektion zu entscheiden, ob den Veränderungen im EEG irgendwelche privaten Erlebnisse folgen«(1969).
Kamiya begann mit einfachen Diskriminationsstudien, um festzustellen, inwieweit die Versuchspersonen lernen konnten, zwischen ihrem inneren Zustand beim Auftreten der Alphawellen (den sie nur unter der Bezeichnung A-Zustand kannten) und dem Zustand bei dem sie nicht auftraten (B-Zustand), zu unterscheiden. Sechs Versuchspersonen lernten es, und 80 Prozent ihrer Antworten stimmten. Bei einem anderen Verfahren mußten die Versuchspersonen »ja« sagen, wenn sie den A-Zustand »fühlten«, und »nein« beim B-Zustand. Auch das gelang. Hierauf wurden sie angehalten, sich auf Kommando in diesen Zustand zu versetzen, und auch das funktionierte. Nachdem sie gelernt hatten, den Zustand zu erkennen, vermochten sie ihn zu beherrschen.
Im Neurophsychiatrischen Forschungsinstitut von Langley Porter fand Kamiya später heraus, daß der Mensch mittels Rückkopplung lernen kann, die Frequenz der Alpha-Wellen ohne vorausgehendes Unterscheidungstraining zu regeln, daß die meisten den gesteigerten Alpha-Zustand vorziehen und daß die besten Alpha-Produzenten introvertierte, nachdenkli-

che Menschen sind. Zum Beispiel lernten diejenigen, die sich der Zen-Meditation hingaben, die Alpha-Kontrolle besonders schnell. Kamiya studierte auch die willensmäßige Beherrschung der Alpha-Amplitude und Frequenz und stellte fest, daß auffallende Frequenz-Veränderungen hervorgerufen werden können. Mit der Bedeutung derartiger Veränderungen gab er sich nicht weiter ab, sondern er befaßte sich vor allem mit der Entwicklung einer »bewußten Psychophysiologie«.

In den sechziger Jahren untersuchte Brown die subjektive Aktivität, die gewisse Gehirnwellenmuster in Gang setzt und beibehält (1968, 1970). In einer interessanten Studie benutzte er drei Gehirnrhythmen, um drei Lichtsignale von verschiedener Farbe – Rot, Grün und Blau – zu steuern, die willkürlich mit Beta-, Alpha- und Theta-Wellen verbunden waren. Sechsundzwanzig Versuchspersonen erlangten in sechzig Minuten die Rückkopplung. Sie wurden darüber aufgeklärt, daß die drei Lichtsignale durch Stromtätigkeit in ihrem Gehirn geschaltet wurden, wußten hingegen nicht, welche Farbe welchen Rhythmus vertrat. Ihre Aufgabe bestand darin, den subjektiven Zustand zu ermitteln, der die drei Lichtsignale steuern konnte. Danach mußten die Versuchspersonen ihre Erlebnisse beim EEG-Feedback beschreiben, das heißt ihre Gefühle und Gedanken, die mit der Farbe der Lichtsignale verbunden waren. Brown zog folgenden Schluß: Da die Lichtsignale bei den Versuchen willkürlich mit verschiedenen Frequenzen verkoppelt waren, zeigte das Ergebnis, daß der geschilderte Zustand eher mit der Hirnfrequenz als mit der Farbe zusammenhing.

Aus vielen Instituten kamen weiterhin Berichte von Untersuchungen der bewußten Alpha-Wellen-Kontrolle. 1974 wurden bei der Jahresversammlung der *Biofeedback Research Society* (Biofeedback-Forschungsgesellschaft) zehn Vorträge über Alpha-Feedback gehalten. Es werden Untersuchungen über Erhöhung und Kontrolle der Theta- und Beta-Wellen betrieben, aber bisher sind erst wenige Ergebnisse veröffentlicht worden (Budzynski, 1972; E. S. P. Weber und I. G. Fehmi, 1974; Green u. a., 1971, 1974).

Die Forschung über Anwendung der Gehirnwellen-Kontrolle zwecks Verminderung epileptischer Krämpfe wurde von M. B. Sterman begonnen, und zwar infolge einer zufälligen Entdekkung (1972). Als er die Wirkung eines Krämpfe hervorrufenden Präparats an Katzen erprobte, stellte er fest, daß diejenigen, die vorher darauf trainiert worden waren, von der sensomotorischen Hirnrinde aus eine Frequenz von 12 bis 14 in der Sekunde hervorzurufen, der Krampfwirkung des Präparats widerstanden. Daraufhin untersuchte Sterman die Möglichkeit, Epilepsie dadurch zu behandeln, daß der Kranke lernte, einen »sensomotorischen Rhythmus« (SMR) hervorzurufen. Bei vier Patienten, die ein langwieriges Biofeedback-Training von 12 bis 24 Monaten durchgemacht hatten, verminderte sich die Zahl der Anfälle beträchtlich (1974).

F. Poirier, der durch Stermans Entdeckung auf die Möglichkeit, Epilepsie mit Gehirnwellen-Training zu behandeln, aufmerksam geworden war, entwickelte seine eigene Methode zur Anwendung des EEG-Feedbacks und damit der Alpha-Wellen. Vor dem Training werden dem Patienten zehn Minuten lang Dias gezeigt, die ihm klarmachen, was Alpha-Wellen sind, wie es zu epileptischen Anfällen kommt und wie die Alpha-Wellen den Krämpfen »den Weg verstellen« können. Ferner wird dem Patienten erklärt, daß es an ihm liegt, das Training zu nutzen, daß er danach willentlich Alpha-Wellen hervorbringen und die Anfälle auf diese Weise beherrschen kann. Das ist zweifellos ein wichtiger Bestandteil von Poiriers Kurzzeitverfahren und hat sicher dazu beigetragen, daß laut seinem Bericht 75 Kranke nach dieser Behandlung weniger Medikamente nehmen mußten. Biofeedback-Training zur Behandlung der Epilepsie ist neu, aber die Forschung ist in mehreren Instituten auf dem Vormarsch (B. J. Kaplan, 1974; W. W. Finley, 1974; L. Rouse u. a., 1974).

Beim vorausgehenden Überblick über Biofeedback-Training in bezug auf physiologische Funktionen wurde das Gewicht auf die Forschung gelegt, die sich mit der bewußten, willensmäßigen Kontrolle seitens des Menschen befaßt. Es erhebt sich nun die Frage, inwieweit das Biofeedback-Training als Voraussetzung oder als willensmäßige Kontrolle zu betrachten ist. Es lohnt sich, die Arbeit mit Tieren unter instrumentellen Bedingungen zu erörtern, und zwar anhand der Studien, die N. E. Miller und seine Kollegen betrieben haben, und mit den Befunden von D. Shapiro, G. E. Schwartz und anderen zu vergleichen, die Humanversuche angestellt haben. Schon in den sechziger Jahren forderte Miller die damals herrschende Auffassung heraus, instrumentelle Bedingung sei nur im zerebrospinalen Nervensystem möglich, und das vegetative Nervensystem könne lediglich durch klassische Bedingungen beeinflußt werden. 1965 wollten er und L. DiCara beweisen, daß »zwischen diesen beiden Lernmethoden kein wirklicher Unterschied besteht«. Sie brachten Ratten (deren Atmungsmuskulatur durch Curare-Injektionen gelähmt war) bei, die Hirnfrequenz zu erhöhen und zu vermindern (1967). Als Verstärkung benutzten sie elektrische Stimulierung des »Lustzentrums« im Gehirn. Das Experiment glückte. Miller und DiCara fuhren mit ihren Versuchen fort und erreichten bei curarebehandelten Ratten Blutdruckänderungen, Eingeweidezusammenziehungen, Veränderung der Geschwindigkeit des Harnlösens und Blutgefäßerweiterung (1969).

Viele Forscher, die sich mit der Möglichkeit der autonomen Kontrolle beim Menschen befassen, beschreiben das Biofeedback-Verfahren gern als »instrumentelle Bedingung«. Shapiro und Schwartz betonen, daß sie den Ausdruck »Bedingungsschema« vorziehen, weil er der Ausführung und der Analyse des Experiments besser entspricht. Da wissenschaftliche Genauigkeit erstrebenswert ist, muß die Frage gestellt werden, inwieweit es möglich ist, die einzigartigen und reichhaltigen Erlebnisse des Menschen wiederzugeben, ohne die Verfahren und die Begriffe, die in jahrelanger Tierforschung entwickelt worden sind, zu ändern. Nehmen wir zum Beispiel die folgenden Studien:

Shapiro, Schwartz und ihre Mitarbeiter untersuchten in vielen Experimenten die Kontrolle des Blutdrucks am Menschen, zuerst mit dem gewöhnlichen Bedingungsverfahren. Die Versuchspersonen waren zwanzig normale, gesunde Studenten zwischen 21 und 27 Jahren. Sie wurden informiert, daß die Fähigkeit des Menschen, gewisse physiologische Funktionen zu beherrschen, erforscht werden sollte. Hingegen erfuhren sie nicht, um welche Funktionen und welche Veränderungen es sich handelte. Eine rote Lampe leuchtete jedesmal auf, und ein Tonsignal wurde hörbar, wenn es glückte, den Blutdruck zu erhöhen oder zu senken. Zwanzig Licht- oder Tonsignale ergaben eine Belohnung oder Verstärkung, was für sie ein Ansporn war, Licht- oder Tonsignal so oft wie möglich zu betätigen. Als Verstärkung für alle Versuchspersonen wurde auch das Dia einer nackten Frau benutzt (Titelbild des *Playboy*), das fünf Sekunden lag auf eine Leinwand projiziert wurde. Alle Dias waren verschieden.

Zehn Personen wurden für erhöhten Blutdruck belohnt, zehn für gesenkten. Das Ergebnis wies eine erhebliche Verschiedenheit zwischen den beiden Gruppen auf. Außer zwei Personen hatten alle nicht gewußt, welche physiologische Funktion der Experimentator erreichen wollte und daß sie die Licht- oder Tonsignale beeinflussen konnten. Einige, bei denen der Blutdruck sank, glaubten, die aufleuchtende Lampe bedeute, sie sollten sich entspannen, aber die meisten in beiden Gruppen waren der Ansicht, sie sollten aufgereizt werden.

Im Kommentar zu seiner Studie sagt DiCara (1971), die Versuchspersonen hätten anscheinend keine willensmäßige Anstrengung gemacht (wenigstens nicht bewußt oder absichtlich), die Reaktion zu verändern. Die Lernwirkung sei bei solchen Menschen viel geringer als bei curarebehandelten Ratten und ein wenig geringer als bei Ratten ohne Curarebehandlung. Seiner Meinung nach wäre es vielleicht möglich, dem Menschen das Lernen durch Hypnose zu erleichtern, weil damit ähnliche Verhältnisse geschaffen würden wie mit der Curarebehandlung. Weder DiCara noch Shapiro und Schwartz scheinen damit zu rechnen, daß das Bedingungsschema, das sich für Tiere eignet (und für kleine Kinder, Schwerhirngeschädigte und geistig Zurückgebliebene anwendbar sein mag), für denkende, bewußte Menschen vielleicht nicht geeignet ist. Als der Mensch ein denkendes, bewußtes Wesen wurde, war der Rubikon überschritten worden, wie sich Alfred North Whitehead ausdrückt.

In einer bemerkenswerten Abhandlung (1973) über die Möglichkeit, Biofeedback als Therapie anzuwenden, stellt Schwartz kritisch über seine eigene Forschung die Frage: »Was hat die Versuchsperson eigentlich gedacht oder getan, um ihren Blutdruck zu beherrschen?« Offenbar haben die Versuchspersonen in dieser Hinsicht nichts gedacht oder getan, aber Gedanken und Gefühle dürfen nicht ausgeschlossen werden, nur weil sie unberechenbar sind und das Experiment verderben können, wenn sie nicht absichtlich herbeigeführt werden. Alles, was der Mensch denkt und fühlt, hat Einfluß auf seinen Körper, wie bereits angedeutet wurde. Unsere Absicht, willensmäßig in normalerweise unbewußten Prozessen Veränderungen herbeizuführen, kann nur erleichtert werden, wenn Gedanken, Gefühle, Aufmerksamkeit, Phantasie und ähnliche Bewußtseinszustände Beachtung finden und nicht etwa beiseite geschoben werden. Die Möglichkeit, derartige körperlich-seelische Prozesse zu untersuchen, war tatsächlich die Anregung zur Erforschung der willensmäßigen Kontrolle über innere Zustände.

Forschung im Institut der Menninger-Stiftung

Um die Jahrhundertwende mochten sich die Wissenschaftler im Westen nicht mit dem eigentümlichen Phänomen befassen, von dem Engländer berichteten, die in Indien im Militär- oder Zivildienst standen. Diese Berichte handelten von Jogis, die durch lange Schulung in bestimmten psychischen, emotionellen und physischen Bereichen gelernt hatten, etliche physiologische Prozesse wie Herzfrequenz, Körpertemperatur und Atmung zu regeln. (Anscheinend konnten sie den Atem stundenlang anhalten, ohne eine Gehirnschädigung zu erleiden.)

Bei einigen im Westen weckten die Berichte dann doch Interesse, unter anderem bei Johannes H. Schultz, einem deutschen Psychiater, der zu Beginn des Jahrhunderts die Hypnose studiert hatte. Besonders interessierte es ihn zu erfahren, unter welchen Verhältnissen normale Menschen zu halluzinieren vermochten und ob sich der psycho-physiologische Mechanismus sowohl durch Autosuggestion als auch durch Heterosuggestion steuern ließe, so daß zum Beispiel tiefe Muskelentspannung (die von Hypnotisierten als ein Gefühl der Schwere beschrieben wurde) und Schmerzausweichung (als Wärme empfunden) zustande kamen.

Ums Jahr 1910 hatte Schultz eine Therapie entwickelt, die er »autogenes Training«, das heißt selbstbetriebenes oder selbstmotiviertes Training nannte. Diese Art der Autosuggestion lehnte sich an die Joga-Übungen an und räumte die Aspekte der Hypnose, die Schultz nicht wünschenswert fand, nämlich Passivität und Abhängigkeit vom Hypnotiseur, aus dem Wege. Statt dessen werden Anforderungen an den Willen und die Verantwortung gestellt, und das sind wichtige Faktoren, wenn es um körperliche und seelische Gesundheit geht.

Es ist heute schwer vorstellbar, daß noch im Jahr 1964, als wir mit unserer Arbeit im Menninger-Institut anfingen, ein Wort wie »Joga« in achtbaren akademischen und therapeutischen Kreisen selten gebraucht wurde. Aber wir hatten dreißig Jahre lang fernöstliche Philosophie studiert und trauten uns ein Urteil zu, wie man die Erkenntnis und Technik des fernöstlichen Systems für ein westliches Forschungsprojekt verwenden könnte, das dem Studium des Bewußtseinszustandes galt (A. M. Green und E. E. Green, 1971). Wir hielten es für angebracht, einige Aspekte des in Europa entwickelten autogenen Trainings zu untersuchen. Die von Schultz und Luthe 1959 geschilderten Erlebnisse verschiedener Menschen beim autogenen Training und die Erfahrungen ihrer persönlichen Freunde ließen uns annehmen, daß sich das System für die Erforschung des Bewußtseinszustandes und der auf innere Vorgänge gerichteten Aufmerksamkeit eigne.

Mit der Erforschung der autogenen Trainingsmethode (unseren Bedürfnissen angepaßt) wurde 1966 begonnen. Die Versuchspersonen waren 33 Frauen aus Topeka in Kansas, dem Sitz unseres Forschungsinstituts. Sie wurden in Autosuggestion und Visualisierung unterwiesen, bis sie Entspannung des ganzen Körpers und Wärme in den Händen bewirken konnten. Verschiedene Messungen wurden vorgenommen, zum Beispiel Durchblutung und Temperatur der Hände. Danach mußten sie zwei Wochen lang zu Hause täglich zweimal Übungen durchführen, bevor sie wieder ins Laboratorium kamen. Einige vermochten sich richtig zu entspannen und die Temperatur in den Händen zu erhöhen, und manche konnten die Entspannung und Wärme sogar ohne Feedback korrekt beurteilen.
Am interessantesten an dieser Studie war, daß eine Versuchsperson bei allen Übungen im Laboratorium Migräne bekam. Als Ursache nahm sie an, daß sie befürchtete, die Wärme in den Händen nicht erhöhen zu können. Nach einer praktischen Anleitung ließen wir sie eine kleine Lampe in einem dunklen, stillen Raum elf Minuten lang beobachten. Bei diesem Experiment erweiterten sich in beiden Händen die Blutgefäße plötzlich nach acht Minuten, und die Temperatur erhöhte sich nach zwei Minuten um 5,5 Grad. Nach elf Minuten wurde sie gefragt: »Was ist vor ein paar Minuten geschehen?« Sie antwortete: »Woher wissen Sie, daß meine Kopfschmerzen verschwunden sind?«
Von diesem Ereignis erfuhr die Frau eines Kollegen im Institut, die an Migräne litt. Sie ersuchte uns, ihre Migräne »wegzutrainieren«. Es wurde ihr kein positives Ergebnis zugesichert, aber sie erlernte eine Übung in Temperatur-Rückkopplung und Autosuggestionssätze aus dem Forschungsprogramm als »Wegweiser«. Außerdem erhielt sie ein tragbares Temperaturmeßgerät, damit sie zu Hause üben konnte. Nach zweiwöchiger Eigenbehandlung mit Meßgerät und Autosuggestion brauchte sie keine Medikamente mehr zu nehmen, und während der letzten acht Jahre ist sie von der Migräne befreit ge-

blieben. Das Training in der Beobachtung innerer Prozesse und die Entspannungskontrolle haben ihr zu »einem neuen Leben« verholfen. Dieses Trainingssystem im Verein mit Autosuggestion und Visualisierung durch Biofeedback nennt man autogenes Biofeedback-Training (Green u. a., 1973). Es bildet die methodologische Grundlage für Sargents Migränestudie und wird von etlichen Biofeedback-Forschern und Ärzten angewendet (Budzynski, 1973).

Tripeltraining

Das Ergebnis des ersten Experiments führte zu einem zweijährigen Forschungsprojekt mit der Bezeichnung »Willensmäßige Kontrolle innerer Zustände« (Green u..a., 1970).
Achtzehn Studenten wurden trainiert: 1. Verminderung der Muskelspannung im rechten Unterarm, 2. Erhöhung der Temperatur in der rechten Hand, 3. Erhöhung der Alphawellenmenge mit offenen Augen.
Bei zwölf Versuchspersonen wurde das Training mit autogenem Feedback vorgenommen. Visuelles Feedback von Muskelspannung, Temperatur und Alpharhythmus in »gleitender« Zehnsekundenperiode erfolgte mittels dreier vertikaler Lichtstreifen auf einem Schirm. Jeder Lichtstreifen verlängerte oder verkürzte sich gemäß seiner physiologischen Veränderung, so daß die Versuchsperson ihren physiologischen Zustand und ihre willensmäßige Beherrschung beobachten konnte.
Sechs Versuchspersonen trainierten mit demselben psychophysiologischen Verfahren und den gleichen Autosuggestionssätzen, aber anstatt sich des Feedbacks zu bedienen, wurden sie angewiesen, zwei der Lichtstreifen zu verfolgen, wenn die Streifen hinauf- oder hinuntergingen, und mit den Worten »höher« oder »nach links« anzugeben, daß der eine länger als der andere war. Wie erwartet erlangten alle ein gewisses Maß an physiologischer Selbstbeherrschung, sowohl die Experimentalgruppe (durch autogenes Feedback) als auch die Kontrollgruppe (durch einfache Autosuggestion). Aber die Feed-

back-Gruppe erzielte stärkere Wirkung als die Kontrollgruppe, was wir ebenfalls erwartet hatten. Das interessanteste Ergebnis vom psychologischen Gesichtspunkt aus hatte mit dem Feedback der Gehirnwellen zu tun. Die Versuchspersonen erzielten während der Trainingszeit mit offenen Augen eine durchschnittliche Erhöhung der Alphawellen um 30 Prozent, die Kontrollgruppe hingegen nur um 15 Prozent. Außerdem verrieten die Berichte der Feedback-Personen mehr spontane Phantasie. Diese Beobachtung führte zu Trainingsversuchen mit Thetawellen.

Thetatraining, Wachträume und Phantasie

Nach der Tripeltrainingsstudie zeigten uns weitere Experimente einen Zusammenhang zwischen einem subjektiven Zustand, den wir entspanntes Wachträumen nennen, Thetawellen und hypnagogischen Bildern. Es besteht auch ein Zusammenhang zwischen Wachträumerei, hypnagogischen Bildern und Kreativität, wie aus den vielen Berichten über schöpferische Ideen hervorgeht, die aus dem Zustand des Wach- oder Halbträumens entstehen. Der Zustand des Wachträumens wird auf verschiedene Weise bezeichnet. Die einen nennen ihn »Außenzone des Bewußtseins« (Jame, 1959), andere »Vorbewußtsein« (L. S. Kubie, 1958), wieder andere »transliminalen Sinn« (H. Rugg, 1963).

Die Frage, ob zwischen Thetarhythmus und Kreativität eine Verbindung besteht, wurde für uns sozusagen eine Herausforderung. 1970 unternahmen wir Versuche mit acht Personen, um zu prüfen, ob man eine Methode entwickeln könnte, mit der folgendes zu erreichen wäre: 1. willensmäßige Verlängerung des Wachträumens durch Theta-Feedbacktraining, 2. Erleichterung der Erinnerung an hypnagogische Bilder, 3. Untersuchung des Zusammenhangs zwischen Traum, Phantasie und Kreativität (Green u. a. 1971). Das vielversprechende Ergebnis mit acht Versuchspersonen führte zu einer größeren Studie, die vom *National Institute of Mental Health* unterstützt wurde. Sechsundzwanzig Studenten verschiedenen Alters von der

Washburn-Universität in Topeka trainierten zweimal fünf Wochen, also im ganzen zehn Wochen lang. In der ersten Periode lernten sie Alpha- und Thetawellen mit geschlossenen Augen erhöhen. Das Hauptziel war die Frequenzerhöhung des Thetarhythmus. Feedback-Tonsignale wurden benutzt, ein tiefer Ton für Theta, ein höherer für Alpha. In der ersten Fünfwochenperiode hatte eine Versuchsperson die Aufgabe, aufmerksam zu sein und ihre inneren Erlebnisse zu schildern. Phantasiebilder wurden dabei nicht angeführt.

Alle trainierten in der Universität mit einem tragbaren EEG-Apparat täglich (fünf Tage in der Woche) 45 Minuten lang und kamen jede zweite Woche zum Training und für physiologische Messungen ins Laboratorium. Im Laboratorium wurden außerdem eine Viertelstunde lang gleichzeitig Alpha- und Theta-Feedback sowie eine halbe Stunde lang nur Theta-Feedback vorgenommen. Zum Schluß schilderten sie in einem Interview auf Tonband ihre Erlebnisse. In den dazwischenliegenden Wochen kamen die Versuchspersonen ins Laboratorium, um über ihre Erlebnisse bei den Übungen in der Universität Bericht zu erstatten. Jeder führte Tagebuch über seine Erfahrungen. Die Alpha- und Thetazeiten wurden von einem Zeitnehmer abgelesen, der am Feedback-Meßgerät befestigt war, und eingetragen.

Die zweite Fünfwochenperiode war der ersten ähnlich, nur wurden die Versuchspersonen angewiesen, bei jedem Versuch den erhöhten Thetawellen-Mengen besondere Aufmerksamkeit zu schenken und darauf zu achten, ob damit hypnagogische Bilder verbunden wären. Die hypnagogischen Bilder beschrieben sie als Phantasiegebilde, die, im Gegensatz zu Wachträumen, plötzlich auftraten und einer unbewußten Quelle entstammten. Es konnte jede mögliche Wahrnehmung sein, visueller, auditiver, ertasteter Art oder eine Kombination von allem.

Obwohl sich erhebliche individuelle Unterschiede ergaben und nicht alle gleichen Erfolg hatten, kam es in der ersten Trainingsperiode zu stark vermehrter Alpha- und Thetaproduktion. In der zweiten Periode zeigte sich eine statistisch merkbare Abschwächung im Alpharhythmus und eine Erhöhung des

Thetarhythmus. Von besonderem Interesse waren für uns die vermehrten hypnagogischen Bilder und die überraschend vielen Berichte über »integrative Erlebnisse«.
Aus Raumgründen ist es nicht möglich, auf die vielen variierenden Bilder einzugehen, ebensowenig auf die unzähligen Erlebnisse: gesteigertes Wohlbefinden, Verbesserung persönlicher Beziehungen, bessere Leistungen, verstärkte Aufmerksamkeit, erhöhtes Selbstvertrauen und vermehrte Liebe zur Natur. Derartige Erlebnisse umfaßt der Ausdruck »integrative Erlebnisse« (Green u. a., 1974).
Wegen der gewonnenen Einsicht und wegen des Integrationsgefühls, das vom Theta-Erlebnis vermittelt wird, interessierten sich etliche Therapeuten am Menninger-Institut weiterhin für das Gehirnwellen-Feedback, und das Studium der Kreativität erhielt eine neue Wendung. Wir sind dabei, ein Forschungsprojekt aufzustellen, um das Biofeedback-Training – besonders das Alpha-Theta-Training – als Hilfsmittel in der Psychotherapie zu studieren. Wir gehen von der Hypothese aus, daß die schöpferischen Möglichkeiten bei hypnagogischen Bildern im Zusammenhang mit Wachträumen nicht auf Literatur, Kunst und Wissenschaft beschränkt zu bleiben brauchen, sondern auch auf seelische und körperliche Gesundheit angewendet werden können (Green u.a. 1973; Green und Green, 1974).

Forschung mit Personen, die ungewöhnliche Fähigkeiten haben

Im Rahmen unseres Forschungsprojekts, das aus dem willensmäßigen Kontrollprogramm hervorging, befaßten wir uns mit einem indischen Swami und einem »westlichen Sufi«. Außerdem studierten wir einen Indianer-Medizinmann sowie siebzehn Jogis und Kenner der indischen Meditation. Der Medizinmann wurde nicht im Menninger-Laboratorium beobachtet und soll hier nicht berücksichtigt werden, aber D. W. Boyd, ein früherer Mitarbeiter, hat ein Buch über ihn veröffentlicht. Da der Umfang der vorliegenden Abhandlung begrenzt ist und die Analysen der physiologischen Messungsergebnisse in Indien unvollständig sind, sollen hier nur die Personen behandelt werden, die wir in Topeka studiert haben, nämlich Jack Schwarz und Swami Rama.

Jack Schwarz

Schwarz kam 1971 zum erstenmal in unser Laboratorium. Er gehörte dem westlichen Kulturkreis an und wanderte 1957 von Holland nach den Vereinigten Staaten aus. Er ist Anhänger der mystischen Sufi-Überlieferung und bezeichnet sich deswegen als westlichen Sufi. Nachdem wir ihn auf übliche Weise an verschiedene Meßinstrumente angeschlossen hatten (wie wir es mit unseren Versuchspersonen zu tun pflegen), stach er sich mit einer fünfzehn Zentimeter langen Stricknadel in den Bizeps des linken Armes. Nachdem er sie dreißig Sekunden später herausgezogen hatte, blutete die Wunde, bis er sagte: »Jetzt hört die Blutung auf.« Binnen zwei Sekunden blutete die Wunde nicht mehr. Als er ersucht wurde, das Experiment ohne Blutung vorzuführen, tat er es.

Schwarz schien nie Schmerz zu empfinden. Die Messungen der psychogalvanischen Reaktion zeigten keine ungewöhnliche Anspannung, und die Thermographen gaben an, daß die Arme warm waren – ein Zeichen der Lockerung. Die Gehirnwellen im Hinterkopf wechselten von Beta zu Beta und Alpha, als er die Stricknadel in den Arm stach. Für uns war das ein Zeichen ruhigen Abstandnehmens, der Gelöstheit. Seiner Erklärung nach beruht die Beherrschung auf einer Zusammenarbeit mit dem Unbewußten; er zwinge das Phänomen nicht herbei, sondern befrage den Körper, ob er willig sei. Er befrage auch sein »Parabewußtsein«, eine Sinnesebene, die »klüger« sei als das Bewußtsein und das Unbewußte, und sozusagen als »intuitiver Führer« fungiere (Green u.a., 1972). Demnach, und auch nach der Forschung in bezug auf autogenes Training und Feedback zu urteilen, scheint es klar zu sein, daß es dazu neigt, automatisch zu arbeiten, wenn wir keine Verbindung zwischen dem Bewußtsein und dem Unbewußten herstellen. Darum kann ein psychosomatisch Kranker seine Krankheit nicht beherrschen, wenn er lediglich weiß, daß sie psychosomatisch ist.

Offenbar ist auch eine Kommunikation zwischen Gehirnrinde und untergeordneten Zentren notwendig.
Indirekte Beherrschung unbewußter, unwillkürlicher Prozesse läßt sich vorübergehend durch Hypnose, durch Bedingung und natürlich durch Medikamente erreichen, aber der Wert einer Methode, psychosomatische Krankheiten zu beherrschen, beruht auf der willkürlichen Steuerung. Darum ist das Biofeedback-Training so gut anwendbar. Dabei werden eingesetzt: Wille, erhöhte Aufmerksamkeit, Verständnis für innere Prozesse, Gefühle (sowohl körperliche als auch emotionelle), Gedanken, Bilder und Intuition. Das ist für seelische und körperliche Gesundheit von Bedeutung. Durch die Methode der Selbstregulierung, die durch autogenes Biofeedback-Training erlernt wird, können, wenn man sie gleich nach frühzeitiger Diagnose einer Störung benutzt, die normalen Funktionen wiederhergestellt werden, ehe eine ernste Schädigung entstanden ist. Derartige Methoden haben große Möglichkeiten, nicht nur in bezug auf die Wiederherstellung der Gesundheit, sondern auch als Vorbeugungsmaßnahmen, wenn es sich um Körper-Seele-Prozesse handelt.

Swami Rama
Swami Rama, ein Jogalehrer aus Rishikesh in Indien, besuchte unser Institut zum erstenmal im Frühjahr 1970. Am ersten Tag zeigte er – angeschlossen ans Meßinstrument – eine einzigartige Kontrolle über die Durchblutung der rechten Hand. Er saß regungslos und veränderte in zwei Umläufen die Temperatur der rechten Handfläche, die etwa vier Zentimeter von der linken entfernt war, bis sich ein Unterschied von rund 5,5 Grad ergab. Das dauerte jeweils zwei Minuten; in der einen Hand stieg die Temperatur um ungefähr 2,7 Grad, in der anderen sank sie in gleichem Maße.
Am folgenden Tag führte er einen »Herzstillstand« vor. Wieder saß er ganz ruhig und unternahm einige Versuche, die Herzfrequenz zu erhöhen und zu senken, als sie plötzlich (gemäß EKG-Signal) von ungefähr 70 Schlägen in der Minute auf 300 sprang, anstatt auf Null zu fallen, wie wir erwartet hatten.

Als wir ihm sagten, sein Herz sei ja gar nicht stillgestanden, und das EKG habe keine gerade Linie angezeigt, schien ihn unsere Verwunderung zu betrüben, und er antwortete: »Sie müssen verstehen, wenn man das Herz auf diese Weise zum Stillstand bringt, flattert es da drinnen weiter.« Dabei ließ er die Hände flattern.
Nachdem der Kardiologe Prof. Dr. Marwin Dunne das Ergebnis untersucht hatte, erklärte er uns, es handle sich um ein Vorhofflattern, einen Zustand, bei dem ein Teil des Herzens in größter Schnelligkeit »flattert«, ohne daß sich die Kammern richtig mit Blut füllen. Die Klappen arbeiten nicht richtig, der Blutdruck sinkt, und der Puls verschwindet. Er fragte, wie es Swami Rama dabei ergangen sei; er hätte ohnmächtig werden müssen. Wir sagten ihm, es sei gar nichts geschehen. Wir hatten ihn abgeschnallt, und er war in den zweiten Stock in einen Vorlesungssaal hinaufgegangen, um einen angekündigten Vortrag zu halten.
Anläßlich eines späteren Besuchs zeigte uns Swami Rama die Kontrolle der Gehirnwellen. In fünf viertelstündigen Sitzungen mit Gehirnwellen-Feedback verknüpfte er Feedback-Signale mit dem Bewußtsein. Das hatte er in einer Höhle auf dem Himalaja geübt, und er vermochte willensmäßig Beta-, Alpha-, Theta- und Deltamuster hervorzurufen, indem er sich in den zweckentsprechenden Zustand versetzte (Green u. a., 1973).
Ein andermal ließ er vor sieben Zuschauern eine 35 Zentimeter lange Stricknadel aus Aluminium, die drei Meter von ihm entfernt horizontal an einem vertikalen Gestell plaziert war, in einem Winkel von zehn Grad auf sich zu rotieren. Er trug eine Plastikmaske, die Nase und Mund bedeckte. Er atmete durch ein Mundstück aus Schaumgummi, das ein Plexiglasschirm abdeckte, um allfällige »Luftströmungen« nach unten oder seitwärts abzuleiten. Als wir ihm sagten, daß wir nicht alle seine Erklärungen gelten lassen könnten, erwiderte er: »Das macht nichts. Jeder darf seine Hypothese haben, aber man muß weiterhin mit Tatsachen rechnen.« Wir fragten ihn, wie er denn Herzschlag, Blutgefäße (zur Temperaturbeherrschung) und Gehirnwellen kontrolliere. Er erläuterte, das sei möglich, wenn »sich der ganze Körper in der Seele befindet«. Er fügte

hinzu: »Aber nicht die ganze Seele befindet sich im Körper.« Damit erklärte er auch seine Fähigkeit, die Stricknadel »nur mit psychischer Hilfe in Bewegung zu setzen« (Green und Greeen, 1973).

Theorie vom psychischen Feld

Die Untersuchung der willensmäßigen oder bewußten Beherrschung über Körper-Seele-Energien umfaßt zwei verschiedene, aber verwandte Gebiete: 1. Psychische Beherrschung der inneren Energie in bezug auf Psychologie, Physiologie und Medizin; 2. psychische Beherrschung der äußeren Energie in bezug auf Psychologie, doch auch auf physischem und parapsychologischem Gebiet. Da sowohl die innere als auch die äußere Energie mit den Sinnen nicht wahrzunehmen sind, lassen sie sich nur theoretisch erklären. Swami Rama und Jack Schwarz (sowie Patanjali, ein Jogalehrer im alten Indien) haben eine einfache Theorie aufgestellt, die ihnen als Erklärung dient, aber vielleicht nicht von jedem akzeptiert werden kann. Nach dieser Theorie befindet sich nicht nur der ganze Körper in der Psyche, sondern die gesamte Natur ist ein »psychisches Feld«, ein psychostatisches, elektromagnetisches und Gravitationsfeld, das einem allgemeinen planetarischen psychischen Feld einverleibt ist. Die menschliche Psyche gehört diesem gewöhnlich unbewußten Feld an, und um die äußeren Energien zu beherrschen, müssen wir uns zuerst der unkörperlichen Verlängerung unseres Unbewußten bewußt werden. Das ist eine theoretische Verallgemeinerung, die die willensmäßige Beherrschung der inneren Energie erklärt. Nach dieser Theorie können wir weder innere noch äußere Energien beherrschen, bevor wir uns unseres eigenen Unbewußten bewußt werden. Die Theorie vom psychischen Feld umfaßt nicht nur die Beherrschung physiologischer Prozesse, sondern auch psychokinetische und alle anderen parapsychologischen Phänomene. Obwohl psychokinetische Phänomene empirisch und tatsächlich zu sein scheinen, ist es offenbar noch nicht gelungen, die Energie zu entdecken, die sich in unzähligen Experimenten erwiesen hat. Aber es dürfte wohl nur eine Frage der Zeit sein, bis man einen zufriedenstellenden Energiedetektor (einen Energie-Umwandler) konstruiert haben wird, so daß sich das psychokinetische Gebiet dem weiteren Studium von »Seele und Materie« erschließt. In einer eigenartigen Mischung von fernöstlicher Theorie und westlicher Psychologie scheint sich eine neue »Wissenschaft vom Bewußtsein« zu entwickeln.

Literatur

S. Adler: The headache swamp: Pragmatic problems of biofeedback treatment. Vortrag bei der Jahresversammlung der Biofeedback-Forschungsgesellschaft, Colorado Springs, 1974.

J. V. Basmajian: Conscious control of nerve vells. *New Scientist*, 369, 661/664, 1966.

–: Muscles Alive: Their Function revealed by Elektromyography. Williams & Wilkins, Baltimore, 1967.

–: Electromyography comes of age. *Science*, 176, 603/9, 1972. J. S. Bergman, H. J. Johnson: The effects of instructional set and autonomic perception on cardiac control. *Psychophysiology*, 8, 180/190, 1971.

J. Brener, R. A. Kleinman: Learned control of decreases in systolic blood pressure. *Nature*, 226, 1063/64, 1970.

B. B. Brown: Recognition of aspects of consciousness through association with EEG alpha activitity represented by a light signal. *Psychophysiology*, 6, 442/52, 1970.

–: Recognition of association between aspects of consciousness and EEG frequency using colored light operated by specific EEG components. Vortrag in der Gesellschaft für Psychologische Forschung, Washington, 1968.

J. Brudny: New Sensory Feedback Therapy Unit Established in ICD's Medical Service. *ICD News*, 9, Nr. 1, 1974.

–: Therapy in headache patients. Vortrag bei der Jahresversammlung der Biofeedback-Forschungsgesellschaft, Colorado Springs, 1974.

–: Sensory feedback therapy as a modality of treatment in central nervous system disorders of voluntary movement. *Neurology*, 24, 925/32, 1974.

T. Budzynski, T. H. Soyva, C. S. Adler: Feedback-induced muscle relaxation: Application to tension headache, Behav. Ther. Exp. Psychiatry, 1, 205/211, 1970.

T. H. Budzynski, J. M. Stoyva, C. S. Adler, D. J. Mullaney: EMG Biofeedback and tension headache: A controlled outcome study. Psychosomatic Medicine, 35, 484/96, 1973.

T. H. Budzynski, J. M. Stoyva: Biofeedback techniques in behavior therapy,

Biofeedback and Self Control 1972, Aldine Publishing Company, Chicago, 437/59, 1973.
T. H. Budzynski: Biofeedback procedures in the clinic. Psychiatry, 5, 537/47, 1973.
S. Diamond: Indications and contraindications for the use of biofeedback therapy in headache patients. Vortrag Colorado Springs, 1974.
L. DiCara: Learning in the autonomic nervous system. Scientific American, 222, 31/39, 1970.
C. I. Fitzsimmons, M. A. Peiffer: Autononetic sensitization in the treatment of acute, chronic alcoholism. Vortrag, Colorado Springs, 1974.
A. E. Gladman, N. Estrada: Biofeedback, some clinical applications. Vortrag, Colorado Springs, 1974a.
–: Biofeedback techniques used successfully in psychotherapy. Vortrag Academy of Psychosomatic Medicine, Scottsdale, Ariz. 1974.
A. M. Green, E. E. Green, E. D. Walters: Psychophysiological training for inner awareness. Vortrag, Association for Humanistic Society Conference, Miami, 1970.
–: Psychophysiological training for creativity. Vortrag, American Psychological Association, Washington, 1971.
–: Brainwave training, imagery, creativity, and integrative experiences. Vortrag, Colorado Springs, 1974.
–: Feedback for deep relaxation. Psychophysiology, 6, 371/7, 1969.
–: Self-regulation of internal states, Progress of Cybernetics: Proceedings of the International Congress of Cybernetics, London, 1969. Gordon and Breach, London, 1970.
–: demonstration of voluntary control of bleeding and pain. 1972.
–: Voluntary control of internal states: Psychological and physiological. Journal of Transpersonal Psychology, II, 1/26, 1970.
–: Biofeedback for mind-body self-regulation: Healing and creativity. Aldine Publishing Co., Chicago, 1973.
E. E. Green, A. M. Green: The ins and outs of mind-body energy. Science Year, 1974, World Book Science Annual, Field Enterprises Educational Corporation, Chicago, 1973b.
E. E. Green, A. M. Green, E. D. Walters, J. D. Sargent und R. G. Meyer: Autogenic feedback training. Vortrag 9. Internationaler, psychotherapeutischer Kongress Oslo, Juni 1973.
–: Biofeedback training for anxiety tension reduction. Annals New York Academy of Sciences. 88/ 100, 1973.
E. E. Green, A. M. Green: Regulation our mind-body processes. Fields Within Fields, 10, 16/24. The World Institute Council, Winter 1973/4.
C. D. Hardyck, L. F. Petrinovich und D. W. Elsworth: Feedback of speech muscle activity during silent reading: Rapid extinction. Science, 154, 1467/68, 1966.
H. E. Johnson, W. H. Garton: Muscle re-education in hemiplegia by use of electromyographic device. Arch. Phys. Med. Rehabil., 54, 320/2, 1973.

J. Kamiya: Conditioned discrimination of the EEG alpha rhythm in humans, Vortrag, Western Psychological Association, San Francisco, 1962.
–: Conscious control of brain waves, Psychology Today, 1, 57/60, 1968.
–: Operant control of the EEG alpha rhythm and some of its reported effects on consciousness. In Charles Tart: (Altered States of Consciousness, John Wiley and Sons, Inc., New York, London, 1969.
B. J. Kaplan: EEG biofeedback and epilepsy. Vortrag, Colorado Springs, 1974.
L. S. Kubie: Neurotic Distortions of the Creative Process. Univ. of Kansas Press, Lawrence, Kansas, 1958.
P. D. MacLean: Psychosomatic disease and the »visceral brain«: Recent developments bearing on the Papez theory of emotion. Psychosomtaic Medicine, 11, 338/53, 1949.
N. E. Miller, L. DiCara: Instrumental learning of heart rate changes in curarized rats. Journal of Comparative and Physiological Psychology, 63, 12/19, 1967.
N. E. Miller: Learning of visceral and glandular responses. Science, 163, 434/45, 1969.
J. M. Papez: A proposed mechanism of emotion. Arch. Neurol. Psychiatry, 38, 725/43, 1937.
F. Poirier: Traitement de l'epilepsie par retro-action sonore. La Clinique D'Epilepsie de Montreal, Sept., 1972.
L. Rouse, J. Peterson und D. Shapiro: EEG alhpa entrainment reaction to the biofeedback setting and some possible effects on epilepsy. Vortrag, Colorado Springs, 1974.
H. Rugg: Imagination. Harper and Row, New York, 1963.
J. D. Sargent, E. E. Green und E. D. Walters: Preliminary report on the use of autogenic feedback training in the treatment of migraine and tension headaches. Psychosom. Med., 35, 129/135, 1973.
–: Psychosomtaic regulation of migraine headaches. Seminars in Psychiatry, 3, 416/428, 1973.
G. E. Schwartz, D. Shapiro, B. Tursky: Learned control of cardiovascular integration in man through operant conditioning. Psychosomatic Medicine, 33, 57/62, 1971.
–: Biofeedback as therapy: Some theoretical and practical issues. American Psychologist, 28, 666/673, 1973.
–: Biofeedback and essential hypertension: Current findings and theoretical concerns. Seminars in Psychiatry, 5, 493/503, 1973.
D. W. Shearn: Operant conditioning of heart rate. Science, 137, 530/31, 1962.
J. H. Schultz, W. Luthe: Autogenic Training: A Physiological Approach in Psychotherapy. Grune and Stratton, New York, 1969.
M. B. Sterman: Studies of EEG biofeedback training in man and cats. Mental Health and Behavior Science, St. Louis, 50/60, 1972.
M. B. Sterman: Neurophysiologic and clinical studies of sensorimotor EEG biofeedback training: Some effects on epilepsy. Psychiatry, 5, 1974.

H. Toomin, H. E. Johnson: Elektromyometer feedback in paraplegia: A case study in neuromuscular re-education. Vortrag, Colorado Springs, 1974.

E. S. P. Weber und L. G. Fehmi: The therapeutic use of EEG biofeedback. Vortrag, Colorado Springs, 1974.

T. Weis und B. T. Engel: Operant conditioning of heart rate in patients with premature ventricular contractions. Psychosomatic Medicine, 33, 301/321, 1971.

I. Wickramasekara: Electromyographic feedback training and tension headache: Preliminary observations. The American Journal of Clinical Hypnosis, 15, 83/85, 1972.

10

LYALL WATSON

Heilung, Wunder und Wirklichkeit

Innere und äußere Wirklichkeit

In unserer Zeit stehen wir vor einem Konflikt zwischen Intellekt und Intuition.

Die intellektuelle Art und Weise, Informationen einzuholen, wird von den Sinnen gesteuert, und wer seine Sinne gebraucht, der vertraut auf sie. Unsere Sinne sind in solchem Maße dem Anschein untergeordnet, daß wir ihm glauben und annehmen, alle Wahrheit stimme mit Beobachtung und Erfahrung überein. Wir sagen, wir müßten »es selbst gesehen haben, um es zu glauben«, oder wir hätten »es nicht geglaubt, wenn wir es nicht selbst gesehen hätten«; aber es entgeht uns offenbar, daß diese Betonung ebensogut bedeuten könnte: »Ich hätte es nicht gesehen, wenn ich es nicht geglaubt hätte.«

Es ist bewiesen, daß wir nur das auffassen, was wir erfassen. Als Charles Darwin auf der fünfjährigen Expedition der *Beagle* nach Feuerland kam, konnten die Eingeborenen das Schiff nicht sehen, weil es für ihr Vorstellungsvermögen zu groß war.[1]) Erst als sie in ihren kleinen Kanus hinausfuhren und es mit den Händen fühlten, wurde es ihnen endlich faßbar.

In der Tat scheint das Auge ein unzulängliches Sinnesorgan zu sein. Das Bild auf der Netzhaut ist undeutlich und umgekehrt, aber das Gehirn rückt es zurecht. Ein Experiment in der Universität Innsbruck, bei dem die Studenten eine Brille mit Umkehrwirkung trugen, zeigte, daß sich das Gehirn schnell anpaßt und daß der Mensch das sieht, was er erwartet, und nicht unbedingt das, was wirklich da ist.[2])

Darum ist die Wirklichkeit in erster Linie in der Psyche verankert. Das führt zu keinerlei Problemen, solange wir die Einschränkungen des Systems einsehen. Von Anfang an sind wir schon dadurch begrenzt, daß wir lesen und schreiben gelernt haben (beim Lesen gebrauchen wir nur einen Sinn, noch dazu in beschränktem Maße), wodurch der harmonische Zusammenklang unserer Sinne gestört ist. Wir sind in sehr begrenztem Rahmen programmiert und haben es uns fast unmöglich gemacht, auf etwas zu reagieren, das nicht auf gleiche Weise begrenzt ist.

Unter der Diktatur des Auges werden alle Informationen unter einem ganz und gar visuellen Code betrachtet. Innere Erlebnisse sollen den äußeren Wahrnehmungen entsprechen, und wenn das nicht der Fall ist, werden sie als Halluzinationen abgetan. Deshalb widerspricht alles, was nicht klar und deutlich zu sehen ist, der Vernunft – es wird als Unsinn betrachtet. Unsere Wissenschaft besteht darauf, zu sehen, wie die Dinge fungieren; sie erstrebt »Beobachtungen« die nichts anderes sind, als in verbale Berichte umgesetzte visuelle Erfahrungen, und sie gerät in große Schwierigkeiten, wenn sie vor Dingen steht, die nicht visuell beschrieben oder verbal klassifiziert werden können.

Intelligenz und Intuition

Die intellektuelle Art und Weise, über das Unkörperliche Informationen einzuholen, begnügt sich mit der Konzentration auf eine begrenzte materielle Wirklichkeit. Der Gegensatz, die intuitive Annäherung, hat dieses Problem nicht. Wir alle haben sie schon irgendwann einmal erlebt – vielleicht als spontanen Gedankenblitz mit starken emotionellen Reaktionen –, die unbeschreibliche und doch starke Überzeugung, zu wissen, wie sich die Dinge wirklich verhalten, zu ahnen, daß etwas wahr ist. Nicht jeder vertraut dieser Intuition, aber die Geschichte beweist, daß die größten Fortschritte in bezug auf das menschliche Verstehen des Weltalls durch intuitive Erkenntnisse gemacht worden sind, nicht mit intellektuellen Spaziergängen auf längst ausgetretenen Wegen.

Dennoch wird von den Schulen nicht in Betracht gezogen, daß Kinder, die während des Unterrichts träumen, das Psychische vielleicht besser ausnützen als die aufmerksamen Schüler; und auf der Universität werden die Studenten angehalten, ihren Intellekt auf Kosten der Intuition zu entwickeln. Es wird immer deutlicher, daß die vielen Begrenzungen, auf die wir in der Welt stoßen, zuallererst in unserer Phantasie geschaffen werden.

Diese Begrenzungen zeigen sich am deutlichsten und nachteiligsten in unserer Einstellung zu Gesundheit und Krankheit, besonders in der Unfähigkeit unseres medizinischen Systems, auf dem Gebiet der Heilkunde wirkliche Fortschritte zu erzielen. Es scheint unserem Verständnis entgangen zu sein, daß Heilung ebenso wie Erkrankung fast ausschließlich vom Patienten selbst bewirkt wird.

Kulturell bedingte verschiedene Auffassung von Krankheit

Betrachtet man die Gesundheit vom anthropologischen Gesichtspunkt aus, so gibt es keinen absoluten Krankheitsbegriff. Was als Krankheit bezeichnet wird, ist ja je nach Kultur ganz verschieden. Ein Zustand, den man in der einen Kultur »krank« nennt, kann in einer anderen sehr wohl als religiöse Ekstase bezeichnet werden. Oft ist es möglich, zwischen vielen gewöhnlichen Krankheiten eine direkte Verbindung mit Streßursachen zu erkennen, die in der jeweiligen Kultur verankert sind; man denke nur an die Häufigkeit der Herzinfarkte, die nervöse Geschäftsleute mit Übergewicht in westlichen Ländern erleiden.

Sehr oft folgen die Krankheitssymptome dem Schema, das von den Erwartungen des Kranken geprägt wird. Es ist bewiesen, daß bestimmte Gefäßkrankheiten in vielen afrikanischen Kulturen ebenso häufig auftreten wie bei uns, aber da andere Bewertungen damit verknüpft werden, sterben dort weniger Menschen an einem Herzinfarkt.

Vielleicht ist die Krankheitstheorie, die in einer Kultur vorherrscht, als wichtigste kulturelle Determinante zu betrachten.

Verlauf der Krankheit, zugängliche Hilfsmittel, Möglichkeit und Qualität der Behandlung werden davon beeinflußt, welche Auffassung die Gesellschaft von der Krankheit hegt: verursacht durch Besessenheit, Verlust der Seele, Hexerei, Angriff von Geistern – oder Bazillen. In unserer Gesellschaft mit ihrer allopathischen Medizin, die auf Angriffe von außerhalb des Körpers ausgerichtet ist, wird der Kranke von anderen isoliert. Wir trennen das »Krankenhaus« vom »Gemeinwesen« auf eine Art und Weise, die sie in ein gegensätzliches Verhältnis bringt und der Umwelt eine oft geradezu feindliche Einstellung zum Patienten und zum Krankenhaus suggeriert, besonders wenn es sich um eine sogenannte »Geisteskrankheit« handelt.

Manches Gemeinwesen, das wir primitiv nennen, ist uns in bezug auf Krankenpflege überlegen; dort wird der Kranke in die Gesellschaft integriert, und oft benutzt man die Krankheit für einen kulturellen Zweck. Zum Beispiel ist das Heilritual bei den Navaho-Indianern ein ausgelassenes und wunderbares Fest, an dem unter Umständen tausend Menschen teilnehmen. Fast alle primitiven oder nicht allopathischen Heilverfahren kennen drei Krankheitstypen:

1. *Natürliche Erkrankungen* wie Knochenbrüche und Verbrennungen. Sie können nur mit natürlichen Mitteln wie beispielsweise Kräutern geheilt werden. Dieser Zweig der Medizin ist ähnlich wie unsere allopathische Medizin. Wie stark die Tradition der Geister- oder Glaubensheilung auch sein mag, die Menschen suchen doch Heilung bei der westlichen Medizin, wenn sie ihnen zugänglich ist.

2. *Zauberei*, die sich in plötzlicher Erkrankung oder Besessenheit äußert. Dazu gehören auch akute Fieberanfälle. Man glaubt, diese »bösen« Krankheiten mit Ritualen behandeln zu können, gewöhnlich mit dramatischer Schockbehandlung, die von einem Medizinmann vorgenommen wird.

3. *Gleichgewichtsstörung*, die langwährendes Unwohlsein hervorruft. Diese »unterwühlenden« Krankheiten werden auf soziale Weise behandelt, gewöhnlich mit irgendwelcher Aufmunterung oder mit Beteiligung an der Musikkapelle. Auf die-

se Weise wird der Kranke in die Gesellschaft zurückgeführt, nicht etwa von ihr ausgeschlossen, wie es bei uns geschieht.
Das Gute an diesen Glaubensvorstellungen ist, daß sie für jedwede Erkrankung ein Heilmittel innerhalb der sozialen Struktur enthalten. Die Kultur liefert nicht nur eine Heilquelle, sondern auch Ausdrucksmittel und die Möglichkeit, Hilfe zu mobilisieren. Je nach Stärke der Tradition wird ein Heilmittel gefunden, verstärkt und beibehalten.
Es fällt mir schwer, dieses gute und verfeinerte System »primitiv« zu finden. Mir scheint auch, daß unser System mit der steigenden Anzahl von Krankheiten, die durch allopathische Methoden verursacht sind, und seiner Krankenhaustechnik bei einem Vergleich den kürzeren zieht.

Die Heiler auf den Philippinen

In diesem Zusammenhang dürfte es lehrreich sein, das System der nicht allopathischen philippinischen Heiler zu betrachten, die vor einiger Zeit so sehr von sich reden gemacht haben.
Nach mehreren Jahrhunderten spanischer und amerikanischer Kolonisation und eines blühenden Katholizismus gibt es auf den Philippinen mindestens in den großen Städten moderne Krankenhäuser und westliche Krankenpflege von hohem Standard. Der eingeborene Kräuterarzt ist damit ersetzt worden, aber es gibt eine Gruppe von Heilern, deren Glaubenssystem teilweise vom Westen beeinflußt ist, die jedoch mit einer einheimischen Technik arbeitet, mit der sowohl akute als auch langwierige Krankheiten behandelt werden.
Die philippinischen Heiler sind eigentlich Medizinmänner, und als solche sind sie der Ansicht, daß sie nicht selbst über Heilkraft verfügen, sondern sie auf geistigem Weg erhalten. Die Geister wohnten, nach ihrem Glauben, früher den Tieren inne, werden aber heute in Anlehnung an die neue Religion Personen wie der Jungfrau Maria zugeschrieben.
Auf der Insel Luzon hat eine geistige Bewegung, die 1857 in Frankreich begann, Wurzeln geschlagen. Trotz der Verknüpfung mit der Kirche wurde das Brauchtum forgesetzt – das die

ersten Missionare auszurotten versuchten –, indem der katholische Rahmen zwar bewahrt blieb, aber eine Wiedergeburt der Heilkunst stattfand, so daß der Medizinmann in der Gesellschaft wieder seinen Platz einnahm. Jetzt gibt es für alle, die in dem dichtbevölkerten Gebiet von Pangasinan leben, in zu Fuß erreichbarer Entfernung einen Medizinmann. Bei meinem Besuch auf den Philippinen sah ich sechzehn derartige Heiler an der Arbeit und konnte ihre Technik aus der Nähe studieren.
Alle beginnen ihre Tätigkeit mit einer Gebetsstunde, die von einer Minute bis über zwei Stunden dauern kann. Alle arbeiten öffentlich und unterstehen der Kritik der Anwesenden. Alle stellen eine offene oder versteckte Diagnose. Keiner fällt in Trance, doch alle lassen Anzeichen der Dissoziation erkennen. Wie die Gesundbeter auf der ganzen Welt wenden sie Handauflegen an, aber jeder hat seine besondere Technik.
Manche holen Fremdkörper wie etwa Blätter oder Steine hervor, die, wie sie erklären, durch Zauberei in den Körper gelangt sind. Das ist natürlich eine wunderbar wirksame Methode bei der Behandlung paranoischer Krankheiten, deren »Ursache« auf so konkrete Weise behoben wird.
Andere erzielen eine Wirkung auf Distanz, zum Beispiel mit einem Nadelstich oder einer Schnittwunde am Kopf des Patienten, ohne ihn überhaupt zu berühren. Einer solchen »Geisterinjektion« war ich selbst ausgesetzt, und ich kann bezeugen, daß sie wirklich geschieht, selbst wenn der betreffende Körperteil fest abgedeckt ist. Die Schutzabdeckung wies keinen Kratzer auf, obwohl darunter eine Schnittwunde entstanden war.
Am bekanntesten sind die philippinischen Heiler für ihre Fähigkeit, allem Anschein nach mit den bloßen Händen in den Körper des Kranken einzudringen. Ich sah auf Luzon Hunderte derartige »Operationen«, und ich bin überzeugt, daß der Körper selten oder nie aufgemacht wird; aber es ist nicht zu leugnen, daß Blut und Gewebe hervortreten. Das geschieht immer wieder trotz strenger Kontrolle, die jede Möglichkeit eines Betrugs oder der Fingerfertigkeit ausschließt.
Ich habe viele Proben von Gewebe entnommen, das auf diese Weise hervorgetreten ist, und festgestellt, daß eine Analyse sinnlos ist. Manchmal stimmte die Blutgruppe mit der des Pa-

tienten überein, manchmal mit der des Heilers; manchmal gehörte ihr keiner der Anwesenden an, und oft stammte das Gewebe gar nicht von einem Menschen. Das hat zu Debatten über das Verfahren und zu Anklagen wegen Betrugs geführt, Tatsache aber ist, daß es keine Rolle spielt, um was für ein Gewebe es sich handelt oder woher es stammt, wenn es aus der Haut des Patienten auf eine Art und Weise hervortritt, die ich nur als »Materialisierung« bezeichnen kann (und das tue ich mit allem gebotenen wissenschaftlichen Zweifel).
Ich sah diese Heiler alles mögliche behandeln, Appendizitiden und Zysten, Nierensteine, Krampfadern und Hämorrhoiden, sogar erfolgreich verschiedene Arten von Krebs. In allen Fällen schien die Gesundung dauerhaft zu sein. Natürlich kann man darüber diskutieren, ob die Genesung auf physischem Wege durch den Heiler oder psychosomatisch durch den Kranken erfolgt ist. Das endgültige Urteil über das medizinische Können der Heiler kann erst nach einer professionellen Langzeitstudie mit Vor- und Nachuntersuchungen gefällt werden. Vorläufig hat dieses Phänomen für mich zumindest einen spannenden Aspekt.

Eine erweiterte Wirklichkeit

Auf den Philippinen haben wir die erste allgemein zugängliche Methode, ohne Narkotika »die Welt anzuhalten« und das Wissensdogma zu brechen, das wir alle teilen und das unser aller Auffassung angepaßt ist. Dazu bedarf es keiner besonderen Ausrüstung und keines Glaubenszeugnisses, sondern nur einer Flugkarte nach Manila. Jeder, der sich dorthin begibt, kommt nicht umhin, die Auffassung von der Wirklichkeit, die uns im Westen beigebracht worden ist und die wir als unbestreitbare Tatsache hinzunehmen pflegen, doch in Frage zu stellen.
Ich finde das sehr wertvoll. Gesundbeterei wird von den meisten rational denkenden Menschen verachtet, weil sie so »mystisch« klingt und alle Grundsätze unserer rationalen allopathischen Medizin ins Gegenteil verkehrt. Aber wenn man die Dinge in erweiterter Perspektive betrachtet, zeigt es sich, daß

auch die rationalen Verfahren im Westen einen guten Teil Glaubensvorstellungen umfassen – den Glauben an den Intellekt und an wissenschaftliche Methoden. In mancher Hinsicht verlangen die philippinischen Methoden weniger Glauben, da sie mit unseren intuitiven Erkenntnissen über die Ursache von Gesundheit und Krankheit verglichen werden können. Sie werden als richtig erkannt, weil sie richtig sind.

Die Gefahr bei unserer wissenschaftlichen Einstellung mit der Betonung des Intellekts besteht darin, daß sie uns blind macht für die Möglichkeit einer anderen Wirklichkeit. Sie versperrt uns den Zugang zu vielen Aspekten des Lebens. Die Einstellung im Fernen Osten, wo das unmittelbare geistige Erleben betont wird, ist auf ihre Weise ebenso beschränkt, und leider werden die wenigen Menschen aus dem Westen, die wirklich für andere Ideen aufgeschlossen sind, so stark von ihr eingenommen, daß sie zum Himalaja ziehen und vom Westen nichts mehr wissen wollen. Wenn die Dinge auf solche Weise polarisiert werden, kann es niemals zu einer befriedigenden Lösung kommen. Die Wahrheit liegt immer irgendwo in der Mitte.

Obwohl die wissenschaftliche Methode offensichtlich begrenzt ist, hat sie innerhalb ihrer Grenzen Nutzen und Erkenntnisse gebracht und wird sie auch weiterhin bringen. Was jedoch nottut, jetzt mehr denn je, das ist etwas Zusätzliches, das bisher von der wissenschaftlichen Methode absichtlich außer acht gelassen worden ist. Was Wissenschaft und Medizin heute brauchen, das ist der Glaube.

Es ist immer gesagt worden, der Zweifel sei die wertvollste Waffe der Wissenschaft, nur durch kritischen objektiven Zweifel könne die Wahrheit gefunden werden. Aber anstatt Geheimnisse zu entschleiern und Erkenntnisse zu vermitteln, hat der Zweifel uns große Gebiete der Wahrheit verriegelt. Es hat sich immer mehr gezeigt, daß eine positive seelische Einstellung hilft, ja, daß sie bei bestimmten Untersuchungen notwendig ist. Wenn das stimmt – und auf die Heilkunde scheint es wirklich zuzutreffen –, muß der Glaube ein wichtiger Teil der experimentellen Methode werden.

Man sollte fast zur Alchimie zurückkehren, denn den Alchimisten gelang es, ein Gleichgewicht zwischen physischer und geistiger Forschung zu erreichen. Am wichtigsten scheint es mir zu sein, daß wir von dem sogenannten primitiven Heilsystem die Auffassung vom Gleichgewicht übernehmen: die Erkenntnis, daß Wissenschaft und Medizin sowie das Leben selbst sinnlos sind ohne ein wenig Magie.

Literatur

1) R. Heywood: Attitudes to Death. In: Man's Concern with Death von A. Toynbee. Hodder & Stoughton, London, 1968.
2) A. Hayos: Die optischen Fehler des Auges. Umschau 64 : 491, 1964.
Zum Abschnitt »Die Heiler auf den Philippinen« siehe H. Sherman: Wonder Healers of the Philippines. Psychic Press, London, 1967.
T. Valentine: Psychic Surgery. Henry Regnery, Chicago, 1973. L. Watson: The Romeo Error. Hodder & Stoughton, London, 1974.

11

DAVID SPANGLER

Dimensionen der Heilkunst

Parapsychologie und Medizin

Die fortschreitende Erforschung des Zusammenhangs zwischen Parapsychologie und Medizin scheint nicht nur auf drei wichtigen Gebieten Früchte zu tragen (wichtig für die Heilkunst), sondern auch für die Gesellschaft im großen und ganzen. Das erste Gebiet versteht sich von selbst: Es sind Erkenntnisse und Methoden, die für das Gesundheitswesen nutzbringend sind. Teilweise sind die Erkenntnisse nicht einmal neu, sondern werden in allen Kulturen von den Heilern praktiziert. Sie wären wohl auch bei uns allgemein bekannt, wenn sich unsere Kultur nicht in einer materialistischen Richtung entwikkelt hätte, die sie unannehmbar macht.

Das zweite Gebiet betrifft die individuelle geistige Natur des Menschen. Durch paraphysiologische und parapsychologische Studien gewinnt man das empirische Wissen, daß der Mensch nicht nur ein physischer, biologischer Organismus ist. Wie es die Religionen längst gelehrt haben, hat man nun erkannt, daß der Mensch einen Geist hat, sozusagen eine weitere Dimension seines Wesens, ein Leben, das physisch nicht begrenzt ist; ferner, daß dieser Geist die eigentliche Ursache unserer Erlebnisse ist, auch des Phänomens der Krankheit und Heilung. Damit das Zusammenspiel von Körper, Seele und Geist, das Voraussetzung ist für eine glückliche Heilung (und für ein glückliches Leben überhaupt) ablaufen kann, müssen diese drei eine harmonische Mischung eingehen. Es ist höchste Zeit, die dreifaltige Natur des Menschen als etwas Funktionelles und Wirkliches in unserer Gesellschaft zu begreifen, nicht etwa nur als metaphysische Spekulation. Wenn die Forschung auf diesem Gebiet endlich zeigt, daß das Bewußtsein des Menschen unabhängig vom Körper in den zusammengesetzten Energierhythmen, die wir Seele nennen, vorhanden ist und arbeitet, dann wird es sowohl in der Heilkunst als auch in anderen sozialen Belangen zu grundlegenden Änderungen kommen. Man könnte sich auch die Entwicklung einer medizinischen Richtung vorstellen, die auf der Einsicht beruht, daß der Tod nicht das Ende des Lebens bedeutet und physische Verkörperung nicht die primäre Existenzform ist. Dann würde sicher eine medizinische Philosophie entstehen, die es sich weniger angelegen sein ließe, den Menschen in einem hilflosen Körper festzuhalten, der ihm Leid verursacht. Statt dessen würde man dem Menschen dazu verhelfen, im Rahmen seiner Möglichkeiten auf allen Ebenen in Harmonie zu leben, und ihn sogar darin unterweisen, wie man den Leib gegen etwas Nicht-Physisches austauschen kann, wenn er nicht mehr zufriedenstellend funktioniert.

Das wird natürlich mehr als eine medizinische Frage sein, denn wir geraten auf das Gebiet der Philosophie. Damit kämen wir auch auf das Gebiet, auf das sich die parapsychologische Forschung in der Natur und in einem ausgewogenen Dasein auswirken sollte. In der endgültigen Analyse könnte es sich als das Wichtigste erweisen, das sich aus dieser neuen Wissenschaft ergibt und im Kern unserer Kultur eine durchgreifende Veränderung herbeiführen würde; denn dann wäre es den Menschen möglich, sich von dem gegenwärtigen Zustand der Verwirrung, der Disharmonie und des Zerfalls zu befreien.

Isolierung oder Ganzheit

Der Ausgangspunkt des Denkens im Westen ist das Individuum, das wegen seiner physischen und biologischen Natur und seiner psychischen Veranlagung von den anderen Menschen isoliert ist und dessen Existenz mehr oder minder davon abhängt, wie aggressiv es ist und wie erfolgreich es seine Konkur-

renz aus dem Felde zu schlagen vermag. Häufig ist man in diesem Konkurrenzkampf bestrebt, mehr als seinen Anteil zu erhaschen, und diese Gier führt dazu, daß andere nicht nur vertrieben, sondern sogar vernichtet werden.
Die Mystiker haben längst verkündet, daß dies ein Fehlverhalten ist, und statt dessen von der unteilbaren Einheit aller Dinge gesprochen. Ihrer Überlieferung nach wird immer dann, wenn man diese Einheit durch Gedanken oder Taten zerteilt, ein Zustand geschaffen, der ein Nährboden für Krankheiten ist. Ganzheit und Einheit sind darum Voraussetzung für Gesundheit. Der Mensch von heute ist im Grunde der Einsame, der in seinen Körper, seine Gedanken und Gefühle eingezwängt ist, besonders wenn sich ihm Möglichkeiten zu Selbstsucht und Machtmißbrauch bieten, ohne Rücksicht auf das Lebens- und Energiegewebe, von dem er selbst ein Teil ist. Das erklärt Manipulationen, die ein tieferes Verständnis für die inneren Zusammenhänge verhindern.
Aber die parapsychologische Forschung betrachtet dieses Modell des selbstherrlichen, jedoch tragischen Isolierten mit empirischem Zweifel. Telepathische Erlebnisse, außersinnliche Wahrnehmungen, Telekinese und Untersuchungen über Elektromagnetismus, Biophysik und Strahlung haben eine ganz neue Anschauung vom Universum eröffnet: Der Körper ist nicht die äußerste Grenze für Identität und Bewußtsein des Einzelnen; Gedanken, Gefühle, Wahrnehmungen und Bewußtsein können sich außerhalb der physischen Grenzen in Zeit und Raum bewegen. Das Weltall wird als weites Ganzes erlebt, das aus dynamischen Einheiten besteht – ein holistisches Gewebe, das durch den Ruck an irgendeinem Faden ins Zittern gerät.
Die Folgen dieser Forschung und die neue Weltanschauung werden unsere Gesellschaft ebensosehr verändern wie Kopernikus' Entdeckung das mittelalterliche Weltbild. Eine solche Veränderung mag katastrophal erscheinen, sie kann aber auch heilsam sein. Darum ist eine neue Ganzheitsübersicht wichtig. Erstens ergibt sich dadurch eine sinnvolle Richtung für die Anwendung der neuen Erkenntnisse, und zweitens haben wir einen Rahmen für das Verstehen der Dimensionen des Leben-

den und Heilenden, was wichtig ist, wenn wir auf dieser Welle der sozialen, kulturellen und individuellen Veränderung navigieren wollen.

Im ersten Fall ist es leicht, sich auf das Gebiet der besonderen Forschung und Anwendung zu beschränken und von den Folgen des eigenen Tuns abzusehen. Parapsychologische Fähigkeiten scheinen individueller Veranlagung zu entsprechen, und da kann es verlockend sein, sich in den Mittelpunkt zu stellen und zu Macht zu gelangen. Von diesem alten Kulturklischee müssen wir uns lösen, denn wir brauchen Menschen, die für dieBeziehungen untereinander Verständnis haben und die Verantwortung gegenüber möglicher Disharmonie, Zersplitterung, Zerfall und Krankheit fühlen. Der Sage nach ist Atlantis untergegangen, weil selbstsüchtige Individuen psychische Kräfte mißbraucht haben; wie dem auch sei, es ist eine lehrreiche Sage, die uns klarmacht, daß unsere Gesellschaft zugrunde gehen wird, wenn wir die Energien nicht für den Nutzen aller gebrauchen.

Verantwortung fürs Ganze

Wenn man sich die Ganzheitsphilosophie zu eigen macht und einsieht, daß einzelne Handlungen aufs Ganze wirken und umgekehrt, dann gelangt man auch dazu, dafür zu sorgen, daß die neuentdeckten Fähigkeiten richtig angewendet werden. Es kommt darauf an, unsere Vorstellungen von aggressiver Selbstsucht und Konkurrenz gegen den Aspekt des Ganzen abzuwägen – ein Konflikt, der als grundlegende Definition der Krankheit betrachtet werden kann. Was ist das Ich? Wo sind seine Grenzen, wenn die einzelnen ein Zusammenspiel und eine Identifikation mit dem Dasein anderer erleben? Die Atomphysiker entdecken in der Schöpfung immer mehr fundamentale Materie-Energie-Komponenten. Ebenso zeigen die Untersuchungen der Natur des Lebens und des Ichs eine Wirklichkeit, die bisher den Mystikern vorbehalten war: Wenn wir unsere Wahrnehmungen und unser Bewußtsein verändern, dann verändern wir die Grenzen dessen, womit wir uns identifizieren,

verändern auch getrennte Lebenselemente, bis wir an irgendeinem Punkt zur fundamentalsten Identifizierung gelangen, die wir uns vorstellen können, und uns eins mit allem fühlen.
Wenn wir das Verständnis für die Dimensionen des Ichs auf diese Weise erweitern, dann vermehren wir auch unser Wissen von den Dimensionen des Heilens. Was braucht der Kranke, der zum Arzt kommt, zur Heilung? Geht es nur um seinen Körper? Wie steht es mit den Gefühlen und mit seinem psychischen Zustand, mit seinem Geist? Wenn wir zugeben, daß die Heilung alle drei Aspekte umfassen muß, stehen wir vor einer neuen Frage: Wo endet der Geist? Wo verläuft die wirkliche Grenze des Körpers, der geheilt werden soll, und wo endet die Heilung? Wenn wir aus flüchtigen Energien zusammengefügt sind, wo enden dann diese Energien? Ist nicht das ganze Gefüge, die ganze Natur und Erde, die ganze Schöpfung mein Körper? Wer behauptet, daß dies allzu metaphysisch, allzu umfassend sei, sieht der nicht von wichtigen Faktoren ab, die zur wahren Gesundheit führen, nicht nur dazu, daß eine Krankheit verschwindet, bevor die nächste einsetzt? Kann ich gesund sein, wenn mein Nächster krank ist? Kann ein Mensch wirklich frei von Krankheit sein, wenn die Gesellschaft, in der er lebt, krank ist?
Diese Fragen gehören zu unseren Daseinsmöglichkeiten und zu dem Leben, das wir führen müssen, wenn wir zu allen Heilstadien beitragen wollen. Die Dimensionen des Heilens entdecken heißt darum mehr als nur eine mystische Behandlungsweise finden. Wenn wir das Ganzheitsmodell der Schöpfung als gültig anerkennen, muß auch das Heilwesen als ständige Handlung des Lebens gelten, die nicht auf bestimmte Orte, Zeiten oder Menschen beschränkt werden darf. Entweder tragen wir zur Ganzheit und Harmonie unserer Welt bei, oder wir entziehen uns der Verantwortung und bleiben dadurch ein Krankheitserreger. Das heißt, wir müssen unsere Vorstellung vom Heilwesen aufgeben; in der Medizin bedeutet es, daß man die unterschwelligen Motive und Prinzipien bei der Berufsausübung verstehen und, wenn nötig, ändern muß, denn die Motive vermehren heute allzu oft Belastungen, Selbstsucht, Streß und Disharmonie in der sozialen Gesundheit. Das heißt, Ge-

sundheit ist unser aller Verantwortung, denn wir alle sind ein Teil der Welt und müssen es büßen, wenn wir sie aus dem Gleichgewicht bringen.

Diese Einsicht in die Ganzheitsnatur des Lebens ist für mich die größte Dimension des Heilwesens. Sie kann die Grundlage einer größeren Kultur bilden, die einen Fortschritt im menschlichen Denken darstellen sollte – ein Dasein, in dem Leben gleichbedeutend ist mit der Kunst der Zusammenarbeit, mit Erkenntnis und Achtung vor allem Seienden, so daß Heilung ein natürliches Nebenprodukt wird.

Die Verfasser

Nils-Olof Jacobson ist Psychiater und arbeitet auch auf dem Gebiet der Parapsychologie. Sein in Deutschland erfolgreichstes Buch ist *Leben nach dem Tod?* (Edition Sven Erik Bergh, 1972).

Olof Alexandersson ist Elektroingenieur und cand. phil. Seit den fünfziger Jahren ist er auf dem Gebiet der Umweltverschmutzung tätig und wirkt in Presse und Rundfunk bei Umweltfragen mit. Seit 1953 betreibt er biotechnische Informationstätigkeit. Er hat Viktor Schaubergers Buch über das lebendige Wasser herausgegeben.

Krister Wiberg ist Architekt und lehrt an der Technischen Hochschule Lund Architektur. Er betätigt sich in der Freien Architekturwerkstatt von Lund. Diese Gruppenarbeit liegt seinem Artikel zugrunde.

Jerker Engborg hat 35 Jahre lang als Gärtnermeister, Landwirt und Lehrer mit biodynamischem Anbau praktisch gearbeitet. Er hat u. a. ein biologisches Anbauprojekt in Indien durchgeführt.

Erik Lindberg ist Rheumatologe und medizinischer Berufsberater. Er hat in Deutschland und in schwedischen Krankenhäusern biologische Medizin studiert.

Frans Carlgren ist lic. phil. und Lehrer an der Kristoffersschule für anthroposophische Pädagogik in Stockholm.

Dr. O. Carl Simonton ist Mitglied des Verbandes Amerikanischer Radiologen. Gegenwärtig praktiziert er als Radiologe in Forth Worth im Staat Texas. Er hat Vorlesungen über psychosomatische Aspekte bei der Behandlung von Krebskrankheiten gehalten.

Dr. C. Norman Shealy ist Neurochirurg und gegenwärtig Leiter eines Rehabilitierungszentrums in La Crosse im Staat Wisconsin, USA. Er hat hauptäschlich über psychosomatische

Aspekte der Schmerzbehandlung geschrieben.

Alyce M. Green und *Elmer E. Green* stehen dem *Voluntary Controls Program* am Forschungsinstitut der Menninger-Stiftung in Topeka im Staat Kansas, USA, vor. Sie befassen sich mit Biofeeedback und seiner therapeutischen Anwendung sowie mit verschiedenen Aspekten der transpersonalistischen Psychologie.

Lyall Watson hat Biologie, Anthropologie und Archäologie studiert. Er war Zoodirektor und Expeditionsleiter. Er lebt an Bord einer Jacht und erforscht auf dem Meer »andere Wirklichkeiten«. Er hat drei Bücher veröffentlicht: *Omnivore*, *Supernature* und *The Romeo Error.*

David Spangler befaßt sich als Lehrer und Autor vor allem mit der Entwicklung eines erweiterten, »planetarischen« Bewußtseins der Menschheit. Er hat als stellvertetender Leiter für die geistige Gemeinde Findhorn in Schottland gearbeitet und zwei Bücher veröffentlicht: *Revelation: The Birth of a New Age* und *Emergence, Reflections on a New Age and a New Humanity.*